Brigitte Siegrist

Ganz heil werden

Werde, was Du schon bist –
ein vollkommenes, göttliches Wesen.

Dabei möchte Dir dieses Buch helfen.

Libri books on demand

ISBN 3-8311-0001-2

Umschlaggestaltung: Heike Rapp
Titelfoto: Brigitte Siegrist
Layout, Druckvorlage: Gerhard Greiner
Grafik: Bärbel Greiner

Inhaltsangabe

Liebe Leser,

Glück und Gesundheit ist das, was sich die Menschen zu jeder Gelegenheit wünschen, meistens so, als ob es von irgendwoher einfach kommen könnte. Woher, das wissen sie selber nicht so genau und denken auch nicht darüber nach.

Da alle Lebensvorgänge nach dem Prinzip Ursache - Wirkung, Aktion - Reaktion funktionieren sollten wir auch im Falle einer Störung = Krankheit danach schauen, wo der Fehler im Schaltplan versteckt ist. Es ist alles ganz einfach, einzig unser Denken ist wirr und überlagert die klaren, einfachen Botschaften, die in Form von innerem Wissen, Fühlen und Ahnungen vorhanden sind. Wir spielen Blinde Kuh im Leben und verhalten uns wie die berühmten drei Affen: nichts hören, nichts sehen, nichts tun.

Erst wenn die Verdrängungs- und Verleugnungsmechanismen nicht mehr funktionieren, unser Körper uns signalisiert: so nicht! - dann beginnen wir ihn wahrzunehmen. Wir können jetzt zum Arzt rennen und das Glück und die Gesundheit suchen indem wir uns eine schnell-mach-weg-Medizin geben lassen und weiter wegschauen. Es wird nicht lange gut gehen, der Körper läßt sich nicht auf Dauer betrügen und zeigt uns ständig, wo's nicht stimmt. Er tut dies nicht von sich aus, sondern aufgrund von unseren Mustern die wir denken und leben, aufgrund von unseren Ängsten, Zweifeln und unserer mangelnden (Eigen) - Liebe.

Wir haben einen freien Willen. Zu jedem Zeitpunkt besteht die Möglichkeit, den Schalter umzustellen auf Leben, Glück und Gesundheit. Es ist einfach, wenn man die Zusammenhänge zwischen Seele, Körper und Geist erkannt hat und begreift, daß alles, was sichtbar und unsichtbar existiert in jeder Form von Energie, sehr fein wirkt, sowohl destruktiv wie auch konstruktiv. Wir sind keine hilflosen Blindgänger, sonder Schöpfer unseres Lebens.

Werden Sie zum Schöpfer Ihres Glücks.
Wir haben dabei Hilfe, von "Oben", unserer geistigen Führung, Engeln, letztendlich von der unerschöpflichen göttlichen Quelle.
Die geistigen Helfer sind immer für uns da. Wir können sie um Rat fragen und sie helfen uns. Wir können ihre Liebe immer spüren und uns trösten lassen. Sie sind immer da, wir brauchen nur von unserer Seite aus die Tür zu öffnen, was auch bedeutet unser Herz zu öffnen.

Dieses Buch wurde nur möglich durch die Botschaft von Ashtar, einem unserer Helfer aus der geistigen Welt. Er hat mir diese Worte in Herz und Ohr gelegt, damit ich sie an Dich, an Sie, weitergebe. Ich bin dankbar dafür, es war eine sehr heilsame, erhebende, auch anstrengende Zusammenarbeit, mit Worten nur schwer zu beschreiben. DANKE, DANKE, DANKE.

Nur diese allumfassende, göttliche Liebe heilt uns, macht uns frei.

Maulbronn, im Dezember 1998

herzlichst, Brigitte Siegrist

Bis zur jetzigen Drucklegung sind einige Monate vergangen. Wir hatten den Jahrtausendwechsel und trotz vieler Ängste verlief er ohne Chaos. Die Aussagen dieses Buches sind so aktuell wie zum Ende des vorletzten Jahres und ich wünsche Ihnen, dass Sie sich beim lesen berühren lassen und ganz im Sinne von Ashtar Ihr Herz öffnen um all die Liebe aufnehmen zu können, die Ihnen angeboten wird.
Wenn Sie mit mir Kontakt aufnehmen möchten – ich freue mich darauf. (e-mail: BSiegrist@T-online.de)

Maulbronn, im März 2000   bs

Die unsichtbare Ebene -
der seelische Hintergrund

Jeder Mensch hat seinen freien Willen.
Er entscheidet ganz allein für sich.
Er ist Baumeister seines Lebens mit seinen Gedanken,
seinen Worten und seinen Taten.
Genauso wie wir durch unangepaßtes Denken und Handeln
aus der Harmonie fallen, genauso können wir umgekehrt
dorthin wieder gelangen
durch positives, harmonisches Denken und Handeln.

Der Weg ist nicht schwer, der erste Schritt in die richtige Richtung öffnet das Tor, und bei wirklichem ehrlichem Bemühen gelingt er fast mühelos.

Voraussetzung dazu ist lediglich, daß Sie sich wertschätzen, sich Ihrer Verantwortung bewußt sind, die Sie sich selbst gegenüber haben. Kein Arzt der Welt, keine noch so widrigen Umstände, weder schlechtes Elternhaus noch sonst etwas nimmt Ihnen diese Verantwortung ab. Krankheit ist eine Möglichkeit zu lernen und damit weder gut noch böse.
Manche Menschen lernen nur unter dem Leidensdruck des Krankseins das, was sie in gesunden Tagen nicht hätten lernen können.
Die meisten Menschen haben verlernt oder vergessen im Augenblick zu leben, hängen der Vergangenheit nach oder träumen sich in die Zukunft, sie „werden gelebt" vom Chef, den Umständen, dem Zeitgeist, richten sich nach dem, was andere vorgeben oder erwarten und hören nicht auf die eigene, innere Stimme. Wie soll das gut gehen, wenn Sie ihre ureigensten Bedürfnisse nicht befriedigen, sie nicht einmal wahrnehmen? Diese innere Stimme wird leiser und leiser, je

hektischer und lauter Sie leben, je weniger Sie sich bewußt Ruhe verschaffen. Irgendwann hören Sie gar nichts mehr von ihrer inneren Stimme. Ihre angeborene Intuition, die ihnen jeden Weg richtig weisen würde, wird verleugnet zugunsten des Verstandes.
Was ist ihr Verstand? Ihr größter Zensor. Der Verstand ist ohne jeden Zweifel wichtig, aber nur da wo er wirklich Sinn macht.

Alles, was mit Emotionen zu tun hat ist eine andere Ebene, da hat ihre Ratio wirklich nichts zu suchen und zu melden! Bei fast allen Menschen ist eine ausgeprägte „Hirnlastigkeit" im Laufe der Jahre aufgetreten. Das ist Spiegel unserer Welt, in der wir leben.

Alles geht schnell, die Technik hat uns voll im Griff, die Kommunikation geht ohne Blickkontakt über Geräte, kaum noch jemand schreibt „mit seinem Herzblut" einen Brief, klebt ihn liebevoll zu, bringt ihn zum Briefkasten und freut sich auf einen Antwortbrief.

Nein, sehr viel anonymer und vergänglicher ist alles. Man telefoniert, faxt sich, surft im Internet. Menschliche Verbindungen bleiben auf der Strecke, das kommt einer Immunität gleich. Leistung, Streß, Uniformität, alle unterwerfen sich dem Diktat, das ihnen unbewußt suggeriert wird als Freiheit und Abenteuer.

Wann ist ein Mensch etwas wert?
Wann ist ein Mann ein Mann?
Wann ist m a n jemand?

Nur durch Leistung, durch ein dickes Bankkonto? Ist ein glücklicher Mensch abhängig vom Reichtum der Welt? Welche Werte gelten in unserer Gesellschaft? Wo bleibt die menschliche Nähe, die Liebe, das Gewährenlassen, die innere Ruhe und der Friede im Herzen?
Mit Handy überall können Sie diese Ruhe garantiert nicht finden, auch nicht auf einer Techno-Party oder im Rock-Konzert. Der innere Frie-

den braucht leise Töne, die Töne der Natur, des eigenen Herzschlags. Genauso wenig wie Sie ihr Auto 24 Stunden am Tag mit Vollgas fahren oder auf den Ölwechsel und die Wartungen verzichten können ohne unweigerlich Schaden an Ihrem Gefährt zu riskieren, genauso wenig können Sie ihren Körper, der Ihr Lebensgefährt ist, ständig schadlos überlasten, ohne daß er sich wehrt. Da ist kein Unterschied. Das Auto ist den meisten Menschen näher als ihr eigener Körper.

Überlegen Sie einmal, wieviel Sie zum Wohle Ihres Körpers tun und wieviel für Ihr Auto....

Sich diese Vorgänge bewußt machen ist das erste, was zu tun ist. **Nur wer bewußt mit sich und seinem Körper umgeht erkennt auch, wo sich Fehler einschleichen**, seien es Bedienungsfehler, Verschleiß, Lieblosigkeit, zu forsches oder zu zögerndes vorwärts bewegen oder gar mitten im größten Trubel stehen bleiben, rückwärts schauen und nach vorne fahren, tanken vergessen, schalten vergessen, links und rechts sehen vergessen so nach dem Motto: Platz da, hier komme ich!!

Sie können sich dieses Bild weiter ausmalen anhand des Vergleiches Auto - Körper. Wenn Sie ihrem Auto auf Dauer kein Öl nachfüllen oder ständig zu wenig haben, wenn Sie den Reifendruck nicht kontrollieren und konstant halten, das falsche Benzin tanken und dann wie mit Scheuklappen und mit Vollgas dahin brettern, egal was kommt - was glauben Sie, wann Ihnen das Auto aus der Kurve fliegt, liegenbleibt oder Sie einen Unfall bauen?

Wenn Sie Heerscharen von Schutzengeln mit sich führen, können schon Wunder geschehen, aber so viel Verantwortungslosigkeit bleibt nicht ohne Folge.

Irgendwann wird Ihnen die Rechnung präsentiert. Sie müssen Ihr Verhalten verantworten, ob Sie jetzt „nur" sich selbst oder auch anderen Schaden zugefügt haben. Der Vergleich Auto ist klar und wird jedem einleuchten.

Bei uns selbst ist es aber genauso. Nur sind die Ursachen, die den Körper eines Tages streiken lassen etwas verborgener und vielschichtiger. Meistens spielen viele Faktoren eine Rolle. Es sind unbewußte Verhaltensmuster, chronische Belastungen, aufgestaute Emotionen, Enttäuschungen, Verletzungen, Überforderungen, Dauerstreß, fehlender Ausgleich. Unser Körper ist von seinem Urzustand her perfekt. Alle Lebensvorgänge sind aufs Feinste und Beste aufeinander abgestimmt, jede Funktion ist abgesichert durch Warn- Rückmelde- und Kontrollposten im ganzen Körper. Aktion und Reaktion sind genauestens verschaltet und verknüpft. Der Körper alleine tut gar nichts außer sich und seine Funktionen zu erhalten.

Kann Krankheit entstehen, wenn dieser harmonisch funktionierende Körper sich ausgleicht? NEIN.
Nur wenn die Selbstregulation nicht mehr funktioniert aus welchen Gründen auch immer (wir gehen noch genau darauf ein) kommt „Sand ins Getriebe" wie man so schön sagt, es treten Störungen auf, fast unbemerkt zunächst, dann mit Steigerung bis zum physischen Tod. **Zu jedem Zeitpunkt des Geschehens ist es möglich, regulierend einzugreifen und den Prozeß der (Selbst)Zerstörung aufzuhalten.** Denn das ist es letztendlich. Wir zerstören unseren wunderbar funktionierenden Körper, wir verletzen ihn, mißachten ihn und rufen dann nach außen um Hilfe. Nach innen müssen wir schauen, um zu finden, wo die Hilfe herkommen und wie sie aussehen kann.

Wir sind unser Körper.
Wir können unser Sein,
das, was uns ausmacht,
nicht losgelöst von unserem
sichtbaren, fühlbaren Körper betrachten.
Wir sind ein vielschichtiger Körper,
eine Körper - Seele - Geist - Einheit.
Alle Vorgänge sind fließend, nicht starr,
alles ist von allem abhängig.

Genauso wie jeder Tropfen Wasser für sich existiert und doch zusammen ein großes Meer wird oder ein Puzzleteil alleine seine Form hat, aber erst im Verbund mit den anderen passenden Teilen ein ganzes Bild ergibt, so ist jede Zelle unseres Körpers, jede Emotion, jeder Gedanke für sich existent und doch im Verbund mit allem das große Ganze. Wir als einzelne Menschen wiederum bilden die Bevölkerung, im Verbund mit allem Leben die Schöpfung, in Verbindung mit anderen Sternensystemen das Universum ...

Wir sind immer Teil eines größeren Ganzen.

Und aus diesem Grund können Störungen unseres Wohlbefindens sowohl interne als auch externe Ursachen haben. Wir reagieren individuell oder im Verbund mit allen globalen, emotionalen oder anderen Einflüssen. Die Ursachenkette ist nicht linear = hier Ursache, da Wirkung. Eher findet eine Kettenreaktion statt mit Multiplikationsfaktoren verschiedenster Intensität. Stellen Sie sich vor, Sie sind ein System im System, sind vernetzt mit vielen anderen Netzwerken. Sie hängen alle an der gleichen Stromleitung. Wenn jetzt irgendwo die Stromversorgung unterbrochen wird, durch einen Kurzschluß etwa, dann läuft auch bei Ihnen nichts mehr.

In Ihrem Körper spielt sich das gleiche ab auf allen Ebenen ihres Seins, sichtbar und unsichtbar, alles ist miteinander vernetzt und wirkt mit- und aufeinander. Ob bei der Nahrungsaufnahme, beim Denken, Fühlen oder Handeln, die Schleimhäute von Darm und Nase reagieren synchron genauso wie die Haut außen und die Gefühle innen, immer ist alles zusammen, ist das ganze System, der ganze Mensch betroffen.

Schon jetzt werden Sie erkennen, daß wir dann auch entsprechend umfassend denken und handeln müssen, daß es nicht damit getan ist, nur die Auswirkung = Symptom, Schmerz, Erkrankung anzuschauen. Im gleichen Atemzug haben wir zu überlegen, wie alles zusammenhängt. Warum reagiert der Körper dieses Menschen gerade jetzt und ausgerechnet so?

Wenn wir unsere Aufmerksamkeit nur der Stelle widmen, die sich als krank zeigt, dann haben wir die Hintergründe übersehen und wir werden bald die nächste Stelle im Außen finden, die nicht mehr funktioniert. Es werden mehr und mehr Symptome im Außen auftreten bis alles „löchrig" geworden ist.

Wenn wir nicht endlich aufhören nur außen zu schauen und blind sind für die wirklichen Gründe, die Hintergründe, die ganze Entstehungsgeschichte einer Krankheit, dann ist wirkliche Heilung nicht möglich. Erst wenn diese tiefliegenden Probleme behoben sind ist auch das Äußere in Ordnung.

Flicken genügt nicht!

Über das „Stromnetz" in uns, unser Energiesystem

wissen wir heute vieles als gesicherte Erkenntnis aus der Physik, was uns traditionell überliefert ist, z.B. aus China und Indien. Es gibt Abbildungen, die tausende von Jahren alt sind, auf denen das Energie - Leitbahnsystem abgebildet ist. Diese in China Meridiane genannten Verbindungen lassen sich inzwischen ebenfalls sichtbar machen mit fluoreszierenden Substanzen. Also verleugnen läßt sich diese Tatsache nicht.
Nun wollen wir uns nicht auf ein bestimmtes System festlegen. Jede Kultur hat ihre eigene Vorstellung und es gibt viele „Bilder". Alle stimmen irgendwie, jeder versucht eben aus seinem Blickwinkel die Welt und alle Geschehnisse, auch auf der energetischen Ebene, zu erfassen. Grundsätzlich ist jede Zelle mit jeder verbunden, die Impulse gehen im Zellverbund weiter.

Jede Zelle besteht aus, bzw. enthält und speichert Biophotonen, also Licht. Wir sind Lichtwesen, und die Wissenschaft beweist es uns endlich. Je mehr Licht in den Zellen gespeichert wird um so gesünder sind wir. Um so strahlender sind wir von innen heraus. Ist das nicht schön?

Unser Energieversorgungssystem bildet sozusagen einen Lichtkörper, einen Energiekörper, der unseren leiblichen Körper, den wir sehen, ernährt. Wenn wir das wissen ist auch ganz klar, daß dieser Energiekörper, wenn er stark ist, unseren physischen Körper stark sein läßt. Steht wenig Energie zur Verfügung, dann ist der Körper entsprechend schwach versorgt und muß auf Sparflamme arbeiten. Im äußersten Notfall beschränkt er sich auf die lebenserhaltenden Bedürfnisse wie Atmung und Herzschlag. Unser Energiesystem ist ein sensibles Gebilde mit großer Speicherkapazität und ist durch Negativ-Emotionen genauso verwundbar wie durch eine körperliche Verletzung.

Verteilt am ganzen Körper gibt es Öffnungen nach außen, unsere Chakren oder Energiezentren. Diese stellen gleichzeitig auch unsere energetischen Tore zur Umwelt dar. Über sie sind wir auf der emotionalen Ebene mit allem verbunden.

Wenn wir jemanden sehr gerne sehen, uns freuen, dann „geht uns das Herz auf" - Sie kennen diesen Ausspruch. Es geht tatsächlich unser Herzzentrum auf, und die Versorgung der Organe im Brustbereich wird verbessert. Oder sie haben einen Kloß im Hals und bringen keinen Ton hervor - dann ist ihr Halszentrum verkrampft, gestört im Energiefluß, ihre Stimme klingt vielleicht ganz blechern oder rauh. Ihr Halszentrum ist ihr sprachliches Kommunikationszentrum.

Oder haben Sie sich schon einmal dabei erwischt, daß Sie während einem Gespräch mit den Armen vor dem Magen verschränkt dastehen? Unbewußt machen Sie „zu", „schützen" sich, denn in der Magengegend liegt das Sonnengeflecht, das die ganze Bauchregion versorgt und auch für jegliche emotionale Begegnungen steht, es ist unser feinstofflicher Nabel zur Welt. Manchmal spüren wir ganz deutlich, wenn wir mit einer unangenehmen Situation oder Person kon-frontiert sind, wie sich die Magengegend regelrecht verkrampft und sogar Übelkeit verursachen kann.

Unser Energiekörper überragt unseren sichtbaren Körper um einige Entfernung und bildet die sogenannte Aura. Schon beim Berühren des Energiefeldes einer Person fühlen Sie sich davon angezogen oder abgestoßen, Sie müssen die Person nicht einmal gesehen oder mit ihr gesprochen haben. Intuitiv erfassen Sie schon aus der Distanz das Energiefeld und treten in Resonanz damit. Genauso verhält es sich mit Tieren, Pflanzen, allem Lebenden, auch (Edel)Steinen, Mö-beln, Kleidung, Nahrung, Medikamente, Luft, Wasser... alles, womit wir konfrontiert werden hat mit uns eine Wechselbeziehung. Alles „macht" etwas mit uns, ob wir es merken oder nicht.

Kunststoffmöbel haben eine andere Ausstrahlung als unbehandelte Holzmöbel. Eine glückliche Kuh hat ein anderes Fleisch und andere Milch als eine gestreßte Massentierzucht - Kuh. Pflanzen und Tiere reagieren auf Liebe genauso positiv wie wir. Auf der energetischen Ebene verstehen sie unsere Motivation sehr wohl, ob wir sie nur aus-beuten oder liebevoll umsorgen und uns bei ihnen bedanken, daß sie uns dienen und ernähren. Früher, als noch jeder für seine Nahrungs-aufnahme selbst zu sorgen hatte, nicht jeden Tag ein Tier gejagt wer-den konnte, trockenes Brot tagelang die einzige Nahrung war oder nur ein Getreidebrei oder ein paar Beeren oder Nüsse - ich denke die Menschen waren dankbar und froh um jeden Bissen, bedankten sich bei Mutter Erde und der Schöpfung, die alles hervorbringt, und seg-neten ihre Nahrung. Auch die Generation unserer Eltern lernte noch Hunger, Not und Armut kennen.
Aber heute?
Wer hat noch Bezug zur Entstehungskette die dazu beigetragen hat, daß das Produkt aus der Kühltheke oder der Dose auf ihrem Teller landet..? Von Lebensmittel möchte ich nicht mehr reden, denn oft ge-

nug steckt darin mehr Chemie als „Lebens"mittel. Der Rest wird noch bestrahlt, im Labor gezüchtet und verändert, künstlich gefärbt, geschmacklich aufgepeppt, mit reichlich Werbung unverzichtbar gemacht, und fast alle glauben die Lüge.

Wie unkritisch gehen die Leute damit um. Auf der Packung stehen so harmlose Namen wie Emulgatoren, Stabilitoren, naturidentische Aromastoffe. Kaum einer liest es überhaupt und wenn, denkt er sich nichts dabei. Und schiebt sich die Chemie in den Mund. Morgen aber geht er demonstrieren gegen Giftmüllskandale. Die Dimensionen sind unterschiedlich, das Prinzip ist dasselbe.

Bitte sind Sie es sich wert, darüber nachzudenken, achten Sie auf das, was Sie sich einverleiben, kaufen Sie bewußt ein, essen Sie bewußt, tun Sie sich gut, wo sie es können. Die Giftbelastung ist so groß inzwischen, daß wir uns Sorglosigkeit nicht mehr leisten können oder mit Krankheit, insbesondere Allergien, bezahlen müssen. Künstliches Leben, künstliches Essen, künstliche Beziehungen - wir können es auch unnatürlich nennen oder l(i)eblos.

Achtsamkeit ist gefragt und notwendig.
Achtsamkeit mit Mensch und Tier und Pflanze.
Achtsamkeit beim Denken, Fühlen und Handeln.

Sorglos sind wir lange genug mit allem umgegangen. Gedankenlos, sorglos und lieblos. Und jetzt wundern wir uns, warum alle sich wehren gegen diese Unachtsamkeit und Lieblosigkeit, unser Körper genauso wie die Erde. Auch sie ist sehr verletzt und verwundet und reinigt sich wieder, genauso wie es unser Körper tut. Er sucht auch Möglichkeiten, sich zu reinigen, sei es mit einem Schnupfen oder Durchfall oder Schwitzen oder...

Wenn wir ihn dabei liebevoll unterstützen dankt er es uns mit Gesundheit und Wohlbefinden. Wir müssen lernen, in unseren Körper hinein zu hören, wir müssen hinein fühlen, „aus dem Bauch heraus" entscheiden. Bei allem Tun und Handeln uns fragen: wie fühlt es sich für mich an, fühl' ich mich gut dabei oder nicht?

Sie müssen nicht zum Asket werden, um gesund zu leben. Ab und zu über die Stränge leben verkraftet ihr Körper, nur die ständige Dauerbelastung nimmt er ihnen krumm. Man weiß das auch aus der Verhaltensforschung. Dauerstreß, der als solcher bewußt gar nicht mehr wahrgenommen wird, hat eine viel schädigendere Wirkung als eine noch so angespannte, scharfe Situation, die nicht dauerhaft sondern vorübergehend ist und der hinterher eine Erholungsphase folgt.

Erinnern Sie sich daran, daß in Nazi-Deutschland Versuche durchgeführt wurden mit Säuglingen? Sie wurden gewindelt, gefüttert, aber liebevolle Zuwendung wurde ihnen nicht gegeben - man ließ sie liebesmäßig verhungern und sie starben tatsächlich.
Die Regenerationskraft ist groß, nur müssen die Erholungspausen auch da sein.

Denken Sie an das Auto, es läuft irgendwann heiß und der Kühler kocht, wenn der Druck zu viel wird. Negatives Denken ist auch eine Dauerbelastung und Überforderung.

**Emotionaler und körperlicher Streß
wirken sich auf das Gesamtkunstwerk Mensch gleich aus,
da gibt es keine Grenzen.
Die seelische Umweltverschmutzung
ist noch schlimmer als die äußere.**

Seelische Umweltverschmutzung tun Sie sich täglich an, indem sie Horrorszenen im Reality-TV sehen oder, wenn das nicht reicht, entsprechende Filme voller Aggression, Gewalt und Lieblosigkeit anschauen oder die entsprechende Katastrophenmusik hören, die von Musik weit entfernt ist und nur Negativität verbreitet. Die Zeitungen haben mit negativ-Schlagzeilen höhere Auflagen, die Nachrichtensendungen sind zum Großteil nicht erbaulich zu nennen, die Menschen sind aggressiv, rücksichtslos, orientierungslos, seelisch heimatlos. Gefühle verboten. Man tut was man diktiert bekommt, von der Kleidermarke, die „in" ist bis zum „in"-Lokal usw.

Sind Menschen wirklich nicht fähig, ihre eigenen Bedürfnisse zu leben, oder sind sie so abgestumpft in ihren Empfindungen, sind wir alle Massentiere?

Vor etwa 50 Jahren hat es auch eine Person geschafft daß ein ganzes Volk gerufen hat: „Führer befiehl, wir folgen". Heute ist es indirekte Manipulation, Marketing, clever versteckt aber um so wirkungsvoller. Psychodrogen, Psychostreß und Psychomanipulation. Wenn Sie's nicht glauben, fragen Sie mal einen Fachmann in Sachen Werbung. Genauso wie Sie Subliminalprogramme kaufen können für positives Denken, zur Raucherentwöhnung oder Streßbewältigung, genauso werden Sie unterschwellig manipuliert mit allen nur möglichen Impulsen, Destruktivität, Gewaltverherrlichung und vieles mehr. Und wie das alles wirkt. Ganz sicher, zielsicher und wohl dosiert. Und sie bemerken es nicht. Lesen weiter ihre Zeitung, schauen weiter ihr Fernsehprogramm, machen sich weiter keine Gedanken, oder jetzt vielleicht doch?

Ein Spaziergang im Wald oder Park vor dem Schlafengehen wäre auch eine Möglichkeit. Miteinander um den Tisch sitzen, sich unterhalten und Spiele machen würde mehr Zwischenmenschlichkeit schaffen. Wäre die Welt bzw. ihre Menschen- Bewohner liebevoller, würden unsere Kinder nicht so über die Stränge schlagen. Sie spiegeln doch nur unseren Zeitgeist. Wer kann ihnen ernsthaft einen Vorwurf machen? Warum nach härteren Gesetzen rufen? Diese Kinder schreien nach Aufmerksamkeit, nach Liebe und Geborgenheit, sie können sich nicht abgrenzen gegen den Haß, die Negativität, die ihnen vorgelebt wird. Und sie reagieren auch mit ihrem Körper allergisch auf diese Umwelt (oder warum hat fast jedes Kind heute Neurodermitis und einen Terminkalender wie ein Manager?)

Aber ich kann doch gar nichts tun als Einzelner ! ?
Doch.
Jeder trägt sein Teil dazu bei.
Jeder für sich und auf seine Art und Weise.
Willst du die Welt verändern so ändere dein Denken.

Genau das ist es. Beim Denken fängt alles an. Die Gedanken sind unsere stärkste Kraft, im Guten wie im Schlechten. Wenn Sie sich ständig sagen: das schaff' ich nie, ich bin ein Versager! Es erfüllt sich, sie schaffen es wirklich nie! Sind Sie voller Selbstvertrauen und sagen: ich trau mich, ich glaube an meine Stärke! Dann klappt es auch.

Wenn Sie mit der Diagnose Krebs konfrontiert werden und Ihr Arzt Ihnen sagt: Sie haben keine Überlebenschance, wir können nichts mehr tun! und Sie glauben ihm, dann wird sich das so erfüllen, einzig weil Sie daran glauben. Es kommt nicht einmal darauf an, ob die Diagnose stimmt oder nicht. Beispiele für Fehldiagnosen gibt es und die betroffenen Menschen reagierten genauso als hätten sie tatsächlich Krebs. Es gibt aber auch die als Spontanheilungen bekannten und benannten Fälle, wo sich der Betroffene nicht wehr- und hilflos, sondern seelisch stark gemacht hat und „wie durch ein Wunder" genesen ist und sich bester Gesundheit erfreut. Glauben Sie nicht alles, was man Ihnen sagt. Sie selbst entscheiden über Wohl und Wehe, über Impfung oder nicht, alles, was Sie angeht, sollten auch Sie entscheiden aus Ihrem Innersten heraus.
Wenn Sie die Sprache Ihres Körpers gelernt haben zu übersetzen und zu verstehen sind ihnen die Hände nicht mehr gebunden und Sie finden die Ursache. Dann können Sie gezielt dagegen steuern und wirkliche Heilung finden.

Befreien Sie sich von Abhängigkeiten und Manipulationen,
Sie sind ein freier Mensch mit einem freien Willen.

Ein gesundes Selbstwertgefühl hat nichts mit Egoismus zu tun, läßt Sie aber NEIN sagen, wenn Sie spüren, daß Ihnen eine bestimmte Sache nicht gut tut und sie es sonst vielleicht irgend jemand zuliebe getan hätten oder um des lieben (Schein)Friedens willen, um Ärger zu vermeiden, um lieb-Kind zu sein ...

Wenn Sie es geschafft haben, sich so wichtig zu nehmen wie Sie sind, geraten Sie nicht mehr in so viele Fallen.

Wenn Ihr Denken und Handeln sich geändert haben ändern sich auch die Umstände, denn Sie und Ihre Umwelt spiegeln und bedingen sich. Sie erleben und erfahren nur das, was geeignet ist, Sie etwas zu lehren.
Wenn Sie es zulassen, daß man Sie überfordert, dann werden die Akten sich auf Ihrem Schreibtisch türmen und Sie sind die von allen beliebte Kraft, der man die unangenehmen Dinge abschieben kann. Während ihre Kollegen im Freibad liegen oder zu Hause sind, erledigen Sie den Kram von anderen und bringen sich um ihre Freizeit, die auch Sie brauchen um zu regenerieren. Aber scheinbar fühlen Sie sich gut dabei, weil Sie so gutmütig sind, weil Sie sich großartig fühlen in der Helferrolle. Aber Hand aufs Herz: ist das nicht eher Schwäche? Selbstverständlich halte ich es für lobenswert und wichtig, seinen Mitmenschen zu helfen - die Motivation macht den Unterschied. Um Konflikten und Auseinandersetzungen aus dem Weg zu gehen, um ein entschiedenes Auftreten und das Durchsetzen ihrer eigenen Bedürfnisse zu vermeiden sollten Sie es nicht tun. Lassen Sie sich nicht um Ihre Freizeit bringen, die brauchen Sie zum Kraft tanken und relaxen.

Jeder Mensch hat gleich viel Zeit,
er erlebt sie nur unterschiedlich,
geht effektiv mit ihr um oder nicht.
Jeder Mensch hat gleich viele Chancen,

er kann sie nützen oder verstreichen lassen.
Jeder Mensch kann von allen Seiten
wirkliche Hilfe bekommen, wenn er sie möchte -
er muß nur bereit sein, sie anzunehmen.

Erforderlich ist lediglich ein Sinneswandel, Offenheit und die Bereitschaft, altgewohnte Denkstrukturen und Verhaltensmuster von ihren Verkrustungen zu befreien und neuem Denken Raum zu geben.

Es ist nicht automatisch alles richtig und gut, was uns erzählt und vorgelebt wird. Jeder erlebt seine eigene Wahrheit, seine individuelle Betrachtensweise von allem.

Alles ist subjektiv, nie objektiv.

Auch das an den Universitäten vermittelte Wissen ist keinesfalls die unumstößliche Wahrheit, sondern basiert auf begrenztem Wissen, aus dem engen Blickwinkel materiell orientierter Menschen, die auch nicht über ihren Tellerrand hinaussehen können. Denn: die wesentlichen Dinge sind unserem Blick verschlossen, mit unserem Verstand nicht begreifbar. Wie sagt der kleine Prinz? „Man sieht nur mit dem Herzen gut, das Wesentliche ist für die Augen unsichtbar".

Und da wir, wie eingangs schon erwähnt, Teile eines großen Universums sind und sich alles aufeinander auswirkt nach dem Grundsatz:

wie im Kleinen so im Großen
wie Innen so Außen
wie Oben so Unten
wie im Makrokosmos
so im Mikrokosmos

geschieht sehr viel mehr zwischen Himmel und Erde als das, was wir verstehen, sehen und erklären können. Deshalb hat es doch seine Wirkung.

Was tun wir ?

Genau das gleiche wie kleine Kinder, die sich die Hände vor die Augen halten und meinen, damit würde man sie nicht mehr sehen, nur weil sie selbst nichts sehen. Wenn es um die wesentlichen Dinge geht, die uns als Wesen, die wir sind, ausmachen, verhalten sich die meisten Menschen so. Das glaube ich nicht, also ist es nicht so. Da beginnt der große Irrtum. Nur weil wir nicht glauben, daß es ein Weiterleben und ein (viele) Vorleben gibt, ist es noch lange nicht so. Wir können uns nur ein Glaubensgebilde erschaffen, das uns Halt gibt und der momentanen Situation entspricht. Wir können uns aber auch davon überzeugen und überzeugen lassen, daß es falsch ist. Unser Leben ist ein einziges Lernen und Weiterentwickeln, das immer neue Herausforderungen bringt.

Unser Ziel ist nicht der körperliche Tod, sondern das Befreien unserer Seele von allen Blockaden und Hindernissen, die sich im Laufe der Zeit angesammelt haben und die wie Pech an uns kleben und uns das Leben schwer machen. Je freier wir werden um so leichter und lichter werden unsere Gedanken, unsere Gefühle und unser Körper, um so glücklicher leben wir, um so unbelasteter sind wir und um so weniger brauchen wir Krankheit als Hinweis auf Störungen.

Tief im Innern eines jeden ist alles gespeichert, das alte Wissen genauso wie der Schlüssel zum Glück. Alles was wir brauchen ist uns bereits mitgegeben worden, gespeichert in den Zellkernen, dem Bewußtsein verborgen.

**Jeder findet irgendwann
zu seinem Ursprung zurück.
Jeder bestimmt sein Lauftempo
und den Weg dahin.**

**Wir haben unseren Ausgangspunkt
und unser Ziel.
Wie wir den Weg gestalten
ist unsere Aufgabe.
Der Weg i s t das Ziel.**

Niemand kann über das Schicksal eines Menschen eine Prognose stellen, die stimmt, kein Wahrsager kann es, weil jeder selbst bestimmt, welchen Weg er gehen möchte. Anregungen, welches Potential an Möglichkeiten ungenutzt in Ihnen schlummert, dürfen Sie sich schon holen, nur die Umsetzung ist Ihre Sache.

Sie können genauso gut beschließen: ich bin mit dem, was ich habe, zufrieden und will nicht mehr erreichen! - dann ist es für sie so. Sie werden wieder eine Gelegenheit bekommen, an der Sie wachsen können.

Dem Wachstums- und Reifungsprozeß als solchem kann sich niemand entziehen, nicht durch Selbstmord, Drogen oder Flucht - er läuft immer vor sich selbst davon und findet sich immer wieder, ob er will oder nicht.

**Als Seelenwesen sind wir unsterblich,
wir können diese Energie nur verwandeln.
Wenn wir sterben, dann ist es nur unsere körperliche Hülle,
die sich auflöst und zu den
Bestandteilen zerfällt,
aus denen sie erschaffen ist.**

Das Wesen, das in diesem Körper gewohnt hat, sucht sich eine andere Hülle, ein neues Kleid, ein neues Fortbewegungsmittel. Es wandelt sich wie die Raupe zum Schmetterling.

Stirb und werde gilt auch für uns. Es ist ein ewiger Kreislauf, in dem wir leben, alles hat seinen Platz und seine Richtigkeit im göttlichen Schöpfungsplan, alles ist perfekt geplant, hat seine Ordnung, seine Aufgabe. Wir sind Puzzle-Teile wie jede Pflanze, jedes Tier, der Mond, die Sterne, der Wind usw.

Irgendwo habe ich einmal gelesen: bei unserer Geburt weint das Neugeborene und die Mitmenschen lachen - bei unserem Tod lacht der Sterbende und die Mitmenschen weinen. Jeder sieht, was er vor sich hat, der gerade erst geborene Mensch sieht die Mühsal dieses begrenzten Lebens vor sich, das er sich ausgesucht hat, und der Sterbende sieht die grenzenlose Freiheit, die er jetzt erlebt ohne die schwere Hülle dieses irdischen Körpers.

Mit der Geburt und in der Zeit kurz danach kommt das Vergessen, wird der Vorhang zugezogen, der uns den Blick in unsere Vergangenheit verschließt. Unsere Seele erinnert sich an alles, was sie auf diesem Planeten in all den vielen Leben erfahren, erlitten, erduldet oder sich selbst und anderen angetan hat. Die Emotionen sind als Muster in uns verankert.

Erleben wir jetzt in diesem Leben wieder eine Situation die an etwas aus der Vergangenheit erinnert oder wir treffen unsere damaligen „Spielgefährten" wieder, dann kommt auf der unsichtbaren Ebene die Erinnerung. Und so manches Mal wirkt sich das sichtbar als nicht erklärbare Angst, als merkwürdiges Verhalten oder emotionaler Streß aus.

Haben Sie nicht auch schon Begegnungen erlebt, bei denen Sie das Gefühl hatten, mit einem altbekannten Freund zu plaudern? Sehr wahrscheinlich ist er ihnen sehr vertraut, es ist ihnen nur nicht bewußt. Oder Sie kommen an einen Ort und fühlen sich so, als wären Sie daheim, und an anderen Orten ergreifen Sie die Flucht ohne zu wissen, warum? Es ist die Erinnerung Ihrer Seele, die Sie so reagieren läßt. Wundern Sie sich künftig nicht, Sie wissen jetzt, daß alles eine tiefere Ursache hat.

Auf dieser, der seelischen Ebene, sind wie gesagt alle Erfahrungen gespeichert. Wenn wir uns jetzt weiter hineindenken oder -fühlen was das noch bedeutet, dann stellen Sie sich doch bitte vor, Sie haben jede Zeitepoche, die in den Geschichtsbüchern beschrieben ist, auch erlebt.(das muß nicht sein, nur als Beispiel jetzt) Sie waren Opfer und Täter, Sie waren arm und reich, Mann und Frau, Eltern und Kind, Henker und Gehängter, eingesperrt oder frei... wahrscheinlich haben Sie irgendwann alle Spielarten menschlichen Verhaltens erlebt oder mitbekommen. Sie haben Eide abgelegt, sich alles mögliche und unmögliche geschworen oder sich als Schutz nach einschneidenden Erlebnissen vorgenommen: das passiert mir nie mehr wieder! Sie wurden verflucht oder haben verflucht , waren geächtet und haben verachtet.

In diesem Leben passiert doch genau das Gleiche ständig. Vielleicht nicht im gleichen Extrem, aber in Gedanken auf jeden Fall.

Oder kennen Sie das nicht? „ich will dich nie mehr sehen" „mit dem/der bin ich fertig ein für alle mal", „der/die ist für mich gestorben", „das mach ich nicht noch einmal mit", „das tu ich nie wieder" .....) Auch wenn Sie diese Worte und Gedanken längst bewußt vergessen haben, ihre Schwingung ist da, ihre Energie wirkt. Ob aus diesem oder früheren Leben. Und damit ist energetisch eine Blockade geschaffen. Es werden mehr und mehr und mehr und irgendwann kann ihre Energie nicht mehr frei fließen.

**Bevor diese Hindernisse nicht beiseite geräumt, aufgelöst sind
und der Weg wieder frei ist
werden Sie in irgendeiner Form leiden,
körperlich und/oder seelisch.**

Der emotionale und gedankliche Müll muß ganz bewußt und gezielt aufgeräumt werden, alles Negative durch Positives ersetzt werden, dann harmoniert alles wieder, und wir fühlen uns wohl in unserer Haut.

Das Reinemachen im Seelenmüll
wie geht das ?

Wenn Sie eine Wanderung machen und stellen irgendwann fest, daß Sie sich verlaufen haben, was machen Sie dann? Wenn Sie eine Karte dabei haben, schauen Sie nach. Sie orientieren sich an Merkmalen der Natur, an der Himmelsrichtung, suchen nach Markierungspunkten und vergleichen Sie mit Ihrer Karte. Sehr wahrscheinlich müssen Sie zu der Stelle zurückkehren, wo Sie falsch abgebogen sind, es sei denn, Sie finden einen anderen Weg, der Sie wieder auf Ihre richtige Route bringt. Möglicherweise dauert der Weg länger, aber Sie wollen ja ihr Ziel erreichen. Möglicherweise streichen Sie eine geplante Pause und laufen etwas schneller, weil es schon dämmert und Sie wissen, die Zeit drängt. Wenn die Nacht einbricht bevor Sie ihr Ziel erreicht haben wird die Orientierung schwer, wenn nicht unmöglich, auf Übernachtung unterwegs sind Sie nicht eingerichtet und Hunger haben Sie auch. Also werden Sie sich alle Mühe geben, ihr Ziel so schnell und so sicher wie nur möglich zu erreichen. Und sollten Sie eine Abkürzung wählen, die gefährlich ist, dann schärfen Sie Ihre Sinne und sind besonders vorsichtig, denn Sie wollen kein Opfer für den Rettungshubschrauber werden.

Jetzt zum Lebensweg:
Auch da sind Sie losmarschiert, mit Proviant im Gepäck und auch noch allerlei Dingen, die Sie so am Wegrand aufgelesen haben. Bisweilen tragen Sie schwer an dieser Last, besonders wenn's bergauf geht. Das Ziel ihres Lebensweges haben Sie ganz genau vor Augen. Auch im Leben verlaufen Sie sich, stellen fest: das war jetzt nicht das, was mich weiterbringt und Sie müssen sich neu orientieren oder Sie verlaufen sich weiter. Ändern Sie nichts, korrigieren Sie den eingeschlagenen Weg nicht, den „falschen", dann stehen Sie irgendwann da und finden sich nicht mehr zurecht und schreien um Hilfe. Glückli-

cherweise begegnet Ihnen dann jemand und begleitet Sie ein Stück, bis Sie sich wieder alleine zurecht finden, vielleicht nimmt er Ihnen auch Ihr Gepäck ab um Sie zu erleichtern. Er versichert Ihnen, ständig bei Ihnen zu sein und Ihnen zu helfen, wenn Sie Hilfe brauchen. Dieser Jemand ist ihr geistiger Helfer oder Freund, oder auch ein anderes Wesen, das Ihnen in menschlicher Gestalt über den Weg läuft. Und dann haben Sie neue Energie und empfinden die Last auf Ihrem Rücken nicht mehr so schwer, haben neuen Mut und neue Kraft. Und gehen weiter, sicherer jetzt. Bei der nächsten Schwierigkeit wissen Sie um die Hilfe und nehmen Sie gleich in Anspruch, bevor Sie im Chaos die Orientierung verlieren, und so wird die Reise mehr und mehr zum Vergnügen, weil ihr Rucksack leichter und leichter wird und Ihre innere Stimme dank Ihres Weggefährten immer deutlicher vernehmbar wird. Er läuft immer mit Ihnen.

Auf Ihrem Weg begegnen Ihnen dann Menschen, die sich auch verlaufen haben. Und aufgrund der gemachten Erfahrungen können Sie helfen. Vielleicht werden Sie auch überholt von einigen, die es besonders eilig haben. Aber das darf Sie nicht aus der Ruhe bringen. Jeder marschiert in seinem Tempo. Sie haben in sich die Sicherheit, daß Ihr Weg der für Sie persönlich richtige ist und daß Sie sich keine Sorgen machen müssen. Sie werden geführt und sind nie wirklich allein. Ihre innere Stimme ist die göttliche Stimme. Alles ist Gott, in allem ist Gott. Auch Sie tragen ihn in sich und werden von ihm getragen, sind Teil im göttlichen Plan und erhalten Richtlinien, wenn Sie eine Kursänderung wünschen - sozusagen aus dem göttlichen Kursbuch heraus.

Was heißt das im Klartext?
Nützen Sie die Heilkräfte, die in Ihnen verborgen sind, die Ihnen angeboten werden, die Ihnen die Natur schenkt.

In der Ruhe liegt die Kraft.
Nicht hektisches Herumirren bringt weiter, sondern Neuorientieren. Die Seele braucht Nahrung, die sie verwerten kann. Also Ruhe, nach

Innen gehen, Harmonisieren auf energetischer Ebene, über die Sinne, die Gefühle, die Empfindungen. Kraftschöpfen und Auftanken in der Natur, in Meditation, Gebet und innerer Stille, wie immer Sie diese erfahren über Musik, Klänge, Farben, Steine, Bildbetrachtungen, malen, singen, tanzen usw. Alles, was ihr Herz erfreut, erfreut auch Ihre Seele und stärkt sie. Allein dadurch wird sehr viel Ausgleich und Stabilität geschaffen.

Es kommt darauf an, das Bewußtsein ganz darauf zu richten was Sie gerade tun, im Augenblick leben und nicht gleichzeitig in Gedanken alle möglichen Probleme wälzen. Abschalten vom hektischen Alltag! **Fühlen Sie in sich hinein, lernen Sie, Ihre innere Stimme wieder zu hören. Das gelingt nur in der Stille.**
Reden Sie mit sich selbst wie mit einem Freund gedanklich oder laut, fragen Sie sich: was würdest du denn jetzt tun? Halten Sie Dialog mit Ihrer geistigen Führung, ihrer inneren Stimme. Haben Sie Geduld mit sich, wenn das nicht sofort klappt. Als Grundschüler müssen Sie auch kein Abitur machen.

Suchen Sie Rat und Hilfe bei jemandem, der Energiearbeit machen kann und Ihr Vertrauen findet. Ob es nun Reflexzonenbehandlungen, Akupunktur, Bachblüten, Homöopathie, Shiatsu, Reiki, Akupressur oder anderes ist spielt keine Rolle. Alles, was Sie harmonisiert bringt auch Ihren Körper wieder in den richtigen Takt.
Suchen Sie andere Suchende und schließen sich mit ihnen zusammen. Weggefährten sind immer gut.
Es gibt mittlerweile sehr viele Bücher zu kaufen. Gehen Sie in eine gut sortierte (esoterische) Buchhandlung und suchen Sie sich das für Sie richtige Buch aus. Lassen Sie sich leiten, ihre innere Stimme weiß, was für Sie jetzt paßt.
Wenn Sie die Hintergründe genauer beleuchtet und geklärt haben wollen, können Sie eine Rückführung machen bei einem dazu ausgebildeten Mediziner, Psychologen oder Heilpraktiker. Aber bitte nicht aus Neugier. Es ist nicht so wichtig, alles noch einmal aufzuwärmen. Die Entscheidung für ihr Leben HEUTE fällt auch HEUTE, getroffen

von Ihnen selbst. Um die Zusammenhänge zu erkennen und entsprechende Blockaden gezielt aufzulösen kann es schon Sinn machen, genauer hin zu schauen.

Oder Sie finden ein Medium, das dank seiner seherischen Fähigkeiten Ihnen die Einzelbetrachtung erspart und geistig sieht und auflöst. Sie können auch alleine Ihre geistige Führung bitten, daß für Sie diese Loslösung von Blockaden aus vergangener Zeit erfolgen möge. Wenn Sie dazu wirklich bereit sind, wird es geschehen. Bitten Sie einfach um Führung und Befreiung.

Ihre innere Gesinnung ist es, die Veränderung schafft.

Ein aus tiefster Überzeugung und innig gesprochenes Vaterunser hilft Ihnen genauso.

Nehmen Sie alles für sich in Anspruch, was Sie innerlich bejahen können. Halten sie sich von Unfreiheit fern. Kein Mensch auf der Welt ist unfehlbar und berechtigt, Sie an sich zu binden und Ihnen die allein selig machende Wahrheit zu verkaufen.

Schulen Sie Ihre innere Wahrnehmung, das ist Ihre deutlichste und sicherste Antwort auf alle Fragen des Lebens. Ihre innere Stimme, Ihre Intuition, ist Ihre direkte Verbindung zu Gott, zu Ihrem Ursprung, zum Kern Ihres Seins. Reden Sie mit Ihm/Ihr wie mit einem Freund, Sie finden Gehör und bekommen Antwort, auch auf eine Art und Weise, wie Sie es nicht erwarten. Seien Sie offen, wachsam und bereit, über alle Sinne, in jeder Situation und an jedem Ort eine Information zu bekommen. Lernen Sie die kleinen Dinge des Alltags leichter nehmen, tragen Sie es mit Humor.

Mache alles mit Freude, mache es für Dich.
Gott hat keine andern Hände als die Deinen.
Alles, was Du tust,
tu es aus Überzeugung und von Herzen.

Und wenn nicht alles gleich klappt dann verzeihen Sie sich, haben Sie Geduld mit sich, tragen Sie es mit Humor. Es kommt wieder eine

Gelegenheit, die Ihnen die Möglichkeit gibt, es erneut besser zu machen.

Wir sind alle auf dem gleichen Weg, nichts trennt uns, wir sind alle Brüder und Schwestern, keiner ist besser oder schlechter als der Andere. Nur mit Liebe und Toleranz unseren Mitmenschen und vor allem uns selbst gegenüber kommen wir weiter. Selbstüberschätzung und -überforderung hemmen, sie führen zu nichts.
Kein Druck kommt von irgendwo her, es sei denn von uns selbst. Niemand zwingt uns zu irgend etwas, es sei denn, wir lassen uns zwingen. Einzig uns selbst sollten wir treu sein, uns über alle maßen achten und lieben und ehren - und unseren Mitmenschen, alle Mitgeschöpfe und die ganze Natur genauso respektvoll und liebevoll behandeln. Alles hat seine absolute Daseinsberechtigung und seinen Platz in dieser Schöpfung.

Nichts ist sinnlos, nichts wertlos. Einzig unsere Gedanken urteilen und verurteilen. Haben wir ein Recht dazu? Ich sage: nein! Vor allem Leben müssen wir Achtung haben. In allem müssen/dürfen/sollen wir den Schöpfer des Himmels und der Erden spüren und erkennen.

Irgendwann sehen wir uns in der geistigen Welt alle wieder, erkennen uns, lieben und umarmen uns. Und bis dahin versuchen wir, diesen Erdenweg so gut wie möglich zu meistern, ohne uns selbst oder anderen auf die Füße zu stehen, ohne Scheuklappen, ohne unnötige Umwege und Stolpersteine, mit dem richtigen Schuhwerk und möglichst leichtem Gepäck.

Die körperliche Ebene

Grundsätzliches zu Bau und Funktion unseres Körpers

Zu Beginn unserer Menschwerdung besteht die mütterliche Eizelle und das väterliche Sperma. Haben sie sich vereinigt entsteht eine Zellkugel, aus der sich drei Keimblätter bilden, diese wiederum stülpen sich zum Neuralrohr und daraus formt sich dann die menschliche Gestalt. Bis zum Zeitpunkt unserer Geburt sind alle Organe angelegt und zum Großteil auch funktionsfähig, einige müssen sich erst im Laufe der folgenden Lebensjahre weiter ausreifen.

Zu Beginn unseres Lebens sind wir in allem darauf angewiesen, daß wir versorgt werden. Wir werden gestillt, und unsere Muttermilch enthält nicht nur die ideale Zusammensetzung von Nährstoffen, sondern auch alles, was wir zu diesem Zeitpunkt benötigen an Abwehrkräften. Über die Muttermilch gehen auch, leider, die Giftstoffe auf das Kind über. Es ist deshalb wichtig, daß sich die Mutter sehr gesundheitsbewußt ernährt, Gifte meidet so gut es geht. Nimmt sie z.B. blähende Nahrung zu sich, so hat ihr Baby Blähungen. Der Darm eines Neugeborenen ist noch nicht vergleichbar mit dem des Erwachsenen. Das Kind verträgt nur leichte Kost, alles andere quält es.
Alkohol, Medikamente und Nikotin sollten sowieso gestrichen sein, (nicht nur) dem Kind zuliebe.
Es ist ratsam, gezielt biologisch einwandfreie Lebensmittel einzukaufen und zu sich zu nehmen, grundsätzlich, aber in dieser Zeit ganz besonders. Ihr Kind wird zwangsläufig zum Allergiker, wenn Sie hier nicht schon sehr sorgfältig aufpassen.
Die Stillzeit sollte so lange wie nur irgendwie möglich sein, bis das Kind feste Nahrung zu sich nehmen kann. Dann ist auch sein Darm soweit gereift, daß es mehr verdauen kann. Kuhmilch sollte ganz gestrichen sein von Anfang an, weil sie sehr schwer verdaut wird. (auch

von Erwachsenen)

Wenn das Kind nun Kauen und Beißen kann sollten Sie sich die Mühe machen, ihm Brei, Gemüse und Schoppen selbst zuzubereiten und bei Fertigprodukten unbedingt darauf achten, daß Sie nicht Chemie kaufen. Zugegeben, ein Löffel Instantpulver ist schnell angerührt, das ist bequem. Aber die heutigen Kinder sind fast alle überfordert und Allergiker, mit etwas Mühe bei der Nahrungszubereitung helfen Sie ihm, einen besseren Start ins Leben zu haben.

Aus meiner Tätigkeit und Erfahrung als Heilpraktikerin sage ich Ihnen: jede Mühe lohnt sich, Verzicht auf Fertigprodukte lohnt sich. Sie haben ein zufriedeneres und glücklicheres Kind, wenn Sie Ihre eigene und die Ernährung Ihres Kindes so natürlich wie nur irgend möglich gestalten.

Der Darm ist oft schon bei diesen kleinen Kindern in seiner Funktion gestört. Durch den Geburtsvorgang hat das Kind von seiner Mutter die ersten Pilze mitbekommen (Candidas), die Krankenhauskeime sind auch nicht so ganz harmlos, durch die Amalgamplomben der Mutter hat es auch Quecksilber im Blut, es muß schon mit sehr viel fertig werden - und das, obwohl seine Abwehrkräfte noch gar nicht ausgebildet sind.
Der Darm gehört mit zum lymphatischen System, einem Teil unseres Abwehrsystems, deshalb ist er so wichtig!

Unser Immunsystem

ist unsere körperliche Abwehr und funktioniert wie die Polizei. Es gibt Streifendienste, die auf alles losgehen, was als Feind erkannt (oder vermutet) wird und Spezialeinheiten, die geschult einen Feind vernichten. Beide sind wichtig. Haben wir eine Wunde, dann müssen

sofort Abwehrkräfte zur Verfügung stehen und die Wunde nach Ver-
unreinigungen absuchen, sonst entzündet sie sich. Reicht diese So-
forthilfe nicht, werden die Spezialisten gerufen. Aber die brauchen
Zeit, weil sie ihre speziellen Dienste erst aufbauen müssen, und das
können sie bei Erstkontakt nur durch Anschauen des Feindes - Muster erkennen - Strategie entwickeln - zuschlagen. Solange müssen
die direkten Abwehrkräfte das Gröbste besorgen.

In der **Thymusdrüse** werden die allermeisten Abwehrkörper gebil-
det. Diese baut sich bis zum 14. Lebensjahr langsam auf und hat erst
dann die volle Kapazität erreicht. Die Thymusdrüse liegt dem Herzen
auf, sie hat im Kindesalter eine beträchtliche Größe und bildet sich
dann im Laufe des Lebens zurück, bis sie nur noch ein kleines Über-
bleibsel ist. Die Abwehrkörper sind im Organismus, im Blut, ständig
unterwegs, auf der Suche nach Feinden.
Aber das Gesamtvolumen an Abwehrkörperchen, das zur Verfügung
steht für ein ganzes Leben, das entscheidet sich vor dem 14. Lebensjahr!!! Später ist kaum noch „Nachtanken" möglich. Was der Körper
bis dahin nicht hat fehlt ihm ein ganzes Leben.

Ich schreibe Ihnen das deshalb so ausführlich, weil so vieles gemacht
wird, was die Kinder nachhaltig ihrer Abwehrkraft beraubt!! Und Sie
als Mutter sollten hier Verantwortung übernehmen, das Kind kann sich
nicht wehren.

Es ist heutzutage eine weitverbreitete (Un)Sitte, bei jedem Infekt Antibiotika zu schlucken, Cortison zu geben usw.
Zum Teil sind Sie als Patient selbst daran schuld. Die Ärzte fürchten
immer auch um Regressansprüche und tun deshalb lieber mehr als
zu wenig. Und der Ruf nach starken Mitteln, die schnell alles „wegma-
chen" ist laut.
Ein Kind hat schnell hohes Fieber ohne daß dies gleich schlimm ist.

Mit Wadenwickeln, Naturheilmitteln und Homöopathie erreichen Sie mehr, ohne Ihr Kind zu gefährden. Es gibt Akutmittel, die sehr rasch wirken, ohne zu schaden.
Und es gibt auch mehr und mehr Kinder- und Allgemeinärzte, die sich sanfter Methoden bedienen.

Die eine fatale Folge der Antibiotika - Gabe:
Das Immunsystem kann sich nicht trainieren.

Die zweite fatale Folge:
Die Krankheitserreger werden immer resistenter, weil sie sich schneller vermehren und anpassen können als die Pharmaindustrie neue Produkte nachliefern kann. Bereits heute sterben schon wieder Menschen an einer Lungenentzündung, weil keines der vorhandenen Antibiotikas wirkt.
Zusätzlich werden wir ungefragt mit Antibiotikas und Hormonen behandelt, indem wir Fleisch aus der „Tierfabrik" essen. Dort wird „vorbeugend" sehr viel verabreicht, was beim Verkauf nicht auf dem Etikett steht. Ich gehe davon aus, daß wir auch über das Trinkwasser und somit über den Boden (Gülle-Düngung) Schadstoffe wie auch Rückstände von Medikamenten aufnehmen.
Die Bakterien werden immer resistenter, je mehr sterilisiert, desinfiziert, geimpft und eben auch mit Antibiotika behandelt wird.

Die dritte fatale Folge:
Die Darmflora wird geschädigt. Das natürliche Gleichgewicht von lebensnotwendigen Darmkeimen, das der Körper auch aufrecht erhält wenn man ihn läßt, wird total durcheinander gebracht. Nach jeder Gabe dieses starken Mittels sollte eine Darmsanierung gemacht werden, aber die wenigsten tun es !!!
Mit diesem vorgeschädigten Darm ist Tür und Tor geöffnet für viele Krankheiten und Verdauungsstörungen bis zu Allergien.
Wird nichts unternommen, das Gleichgewicht wieder herzustellen,

können Sie warten, bis sie kränker und kränker werden, jede Steigerung ist möglich.

Ist der Darm in seiner Funktion gestört, dann klappt die Verdauung nicht mehr wie sie sollte, mehr und mehr unverdauliche Bausteine sammeln sich an, die Darmwand wird brüchig, läßt dann Stoffe durch ins umliegende Gewebe und ins Blut, die dort nicht hingehören, unter anderem auch die Pilze. Diese können sich dann im Körper ausbreiten und an ganz anderen Stellen eine Krankheit begünstigen, z.B. in den Bronchien Asthma, Migräne u.a.

Durch die Giftstoffe, die sich bilden, ist auch unser Entgiftungsort Leber überlastet. Gärkeime bilden im Darm Fuselalkohol, der Körper vergiftet sich mehr und mehr. Infolge dieses Geschehens ist auch die Abwehrlage des Körpers gestört, und die Abwehrzellen, speziell im Darm, erkennen bald in allem einen Feind, auch wenn er es nicht ist. Aber sie verhalten sich so.

Damit sind wir beim Thema Allergien.

Allergien

sind überschießende Reaktionen des Körpers auf an sich harmlose Stoffe. Das kann dann passieren, wenn der Körper irritiert, überreizt, überfordert ist mit seiner Arbeit. Dann schießt er blind auf alles, was nicht körpereigen ist und manchmal auch auf körpereigene Substanzen. Das sind dann die sogenannten Autoimmunerkrankungen.

Es ist immer ein Not-Verhalten, wie wir es im täglichen Leben auch kennen. Es gibt Augenblicke, da ist uns alles zuviel und wir schreien nur noch: Laß mich bloß in Ruhe, raus hier! Die Schwelle, bei der dies geschehen kann ist natürlich individuell unterschiedlich. Es sind immer die Sensibelchen, die früher reagieren. Bei anderen, robusteren Naturen dauert es oft bis ins hohe Alter, um diese Grenzschwelle zu erreichen.

Was tun, wenn das Chaos ausgebrochen ist?
Nun, für Ruhe sorgen.

Dies geht mit Cortison, das alle entzündlichen Prozesse „deckelt",
ihnen die Schärfe nimmt, aber auch in die ganze Hormonproduktion
eingreift.
oder auf die etwas sanftere Tour.
Dazu hat uns die Natur wieder helfend Kräuter und Pflanzen wachsen lassen.
Wir müssen die Ursache des Zustandes angehen, nicht nur bremsen!
Bremsen ist wichtig, damit man überhaupt die Richtung ändern kann.

Bremsen heißt für den Darm

entlasten:
absolut leichtverdauliche Kost, keinen neuen Reiz setzen, eher fa-
sten als essen, keine Rohkost und keine Körner.

reinigen:
die unverdauten Reste müssen raus, damit nicht noch mehr Giftstoffe
produziert werden, die den Körper immer mehr belasten.

Entgiftungsfunktionen stützen:
die Leber muß die Hauptarbeit machen und bedankt sich für hilfrei-
che Zuwendung.
Die Niere muß wasserlösliche Stoffe ausscheiden und braucht reichlich Flüssigkeit, je mehr um so besser, mindestens aber 2 ltr. reines ,
wenn möglich Quellwasser.
Darüber hinaus ist es gut, auch die seelischen Über-Abwehrreaktio-
nen abzuschwächen, die ja wie die körperlichen wirken, also:

seelische Stütze geben
mit homöopathischen Mitteln, zu denen auch die Bachblüten gehören
oder mit entsprechend wirkenden Pflanzen.

die Abwehrmechanismen gezielt stützen
dafür gibt es geeignete Mittel, die ein Fachmann, eine Fachfrau aus-

testen und verschreiben kann.

Ursachenforschung und -Behandlung

Umdenken, umlernen, stabilisieren.

Nun sind wir sehr lange beim Darm hängen geblieben (er mißt ja auch einige Meter und ist sehr wichtig). Der Darm spielt bei der Entstehung vieler Krankheiten eine große Rolle, bei allen Stoffwechsel-erkrankungen, die ja vielfach Wohlstandskrankheiten sind ganz besonders. Der Darm muß alles verdauen was wir so aufnehmen, nicht nur im körperlichen, auch im übertragenen Sinne. Da ist so manche schwerverdauliche Kost und vor so manchem haben wir ganz einfach "Schiß", finden es "zum Kotzen" usw.

Es ist interessant und aufschlußreich, wie direkt unser Körper Emotionen, Sinneseindrücke und charakterliche Veranlagungen umsetzt. Es gibt nichts deutlicheres als die Körpersprache.

Das, was wir aufnehmen, spielt eine ganz große Rolle dabei wie gut oder schlecht unsere Verdauung funktioniert. Mit der Ernährung können wir sehr viel für unser Wohlbefinden beitragen oder zur Krankheitsentstehung die Voraussetzungen schaffen.

Du bist (auch) was Du ißt.

Schalt- und Steuermechanismen

Einem Computer vergleichbar wird in unserer Schaltzentrale jeder Sinneseindruck, jeder Kontakt mit materiellen oder nicht materiellen Eindrücken umgeschaltet, gespeichert und verarbeitet, aus Erfahrung erworbene Glaubenssätze und Erinnerungen genauso wie Ihre Schuldgefühle oder der Schmerz, wenn Sie sich an der heißen Herdplatte verbrannt haben.

Wir haben unsere Antennen eingebaut, die jeden Reiz aufnehmen, zur Verarbeitung weiterleiten und dann über die zentrale Versorgung in die Peripherie des Körpers leiten zu den Erfüllungsorganen.
Unsere Antennen sind unsere Sinnesorgane. Jeder ankommende Eindruck wird mit vorhandenem Wissen, schon Erfahrenem verglichen und als 'bekannt' oder 'neu' sortiert. 'Bekannt' geht weiter wie gehabt, 'neu' wird erst einmal überprüft, verglichen und dann passend einsortiert und weitergeleitet. Ein sehr kompliziertes Gebilde, unser Nervensystem. Alles kann über das vegetative Nervensystem zu jeder Zelle des Körpers gelangen, jede Zelle unseres Körpers ist direkt oder indirekt mit dem ganzen Netzwerk verbunden, das Herz, der Darm, die Geschlechtsorgane genauso wie die Haut, die Zähne, die Sprache oder die Freude beim Anblick eines wunderschönen Sonnenaufgangs.

Alles wirkt sich auf alles aus. Die Verarbeitung der ankommenden Reize geschieht im Gehirn aufgrund der eingegebenen Richtlinien, aufgrund der gemachten Erfahrungen. Diese sind natürlich sehr subjektiv gefärbt. Sinneseindrücke, Suggestion und stoffliche Realität klaffen manchmal weit auseinander. Was beim einen Panik auslöst ringt einem anderen gerade mal ein müdes Lächeln ab. Sie sehen: nichts ist objektiv, aber alles hat seine individuelle Wahrheit.
Die erlebte Angst und Panik ist für den, der sie erlebt, durchaus echt. Warum er sie erlebt ist nun die große Frage. Am Sinneseindruck kann es nicht liegen, der tut ja nichts. Er löst nur eine bestimmte Reaktion aus - aber auf was?

Irgendwo in den Windungen und grauen Zellen, in den Tiefen dieses großartigen Organs Gehirn findet etwas statt, was mit keinem noch so empfindlichen Gerät geortet werden kann aber durchaus erklärt werden kann.

Mit einfachen Worten könnte man im Vergleich Computer sagen, daß auf der Festplatte eine Information gespeichert ist, die nicht zum jetzigen Programm gehört, sondern zu einem überspielten, früheren Programm und jetzt bringt sie alles durcheinander, vermischt alt und neu.

**Bevor Sie in Ihrem Programm weiter machen
sollten Sie den Fehler finden und beheben,
sonst verschaltet sich Fehler um Fehler
und Sie merken es nicht.**

Irgendwann ist Ihr ganzes Tun, Denken und Fühlen so heillos durcheinander daß Sie gar nichts mehr verstehen und schon gar nichts mehr auseinanderhalten können.

Schaffen Sie Ordnung, werden Sie wieder Herr Ihrer Sinne, Ihres Tuns. Wenn Sie nicht aktiv und selbst sortieren, ausmisten, ordnen, klären entsteht Ihr Gedankenmüll. So einfach geht das. Weder Ihr Gehirn noch Ihr Nervensystem noch Ihre Nase können etwas dafür.
Sie können sich nun nicht in Ihr Gehirn hinein setzen, klarer Fall. Sie haben auch nur diese eine Festplatte. Was tun? Ein Clearing machen, eine Reinigung. Und wie?

**Genau auf dem gleichen Weg
wie die Störungen in Sie hineingelangt sind
können Sie diese auch reinigen und beseitigen.
Nutzen Sie die Kraft Ihrer Gedanken und Gefühle.
Reinigen Sie mit reiner, positiver Liebesenergie.**

Wir sind jetzt beim ersten Teil angelangt, so schließt sich der Kreis. Sie haben bei allem, bevor Sie es gespeichert haben, selbst zensiert, was Sie wie haben wollen und was nicht, mit welchem Kommentar Sie es versehen, ob Sie den Stempel 'okay' gegeben haben oder 'aufgepaßt- Vorsicht', ob Sie jemand/etwas als Freund oder Feind in die Schublade gesteckt haben.

Nun entscheiden Sie wieder selber, ob Sie aufräumen oder alles im Chaos versinken lassen, vielleicht macht es Ihnen auch Spaß, Ihr Chaos anzuschauen und Sie finden es schön, weil Sie es gewohnt sind und so ein bißchen finden Sie sich darin auch zurecht. Sie wissen ja, wo die Fallen sind und jetzt gehen Sie Ihnen aus dem Weg - auch eine Lösung.

Für den Fall, daß Sie sich damit nicht zufrieden geben sondern
daß Sie aus Ihrer Unfreiheit heraus möchten
wieder Erdbeeren essen möchten
wieder klar und unbelastet sein möchten
Freude am Leben haben möchten
so unbedarft wie ein Kind, so spontan und glücklich sein

für diesen Fall lesen Sie jetzt weiter
„die Bedienungsanleitung zur großen Freiheit"
= die Organsprache.

Ihr Körper zeigt Ihnen alles, was Sie wissen möchten.
Sie können wie in einem offenen Buch lesen, durch einfache Betrachtung, Zungendiagnose, Augendiagnose, Antlitzdiagnose, Fußdiagnose oder aufgrund der Zuordnung, der Entsprechung zwischen innen und außen, der Projektion von seelischem Hintergrund auf körperlichen Vordergrund, damit das Unsichtbare sichtbar wird und unsere Aufmerksamkeit erregt.

Wenn Sie gelernt haben in diesem Sinne Ihre Beobachtungsgabe zu schulen, dann fällt es Ihnen leichter, Zusammenhänge herzustellen und die Ursachen von Krankheit zu erkennen. Dies ist der erste Schritt in Richtung Heilung.

Wenn Sie wissen, in welchem Bereich Ihres Seins gerade Aufarbeitung nötig ist und Klärung erforderlich, dann müssen Sie nicht mehr raten und fühlen sich nicht mehr hilflos einem Geschehen ausgeliefert, das vermeintlich mit Ihnen nichts zu tun hat. Wissen zwingt aber auch zur Verantwortung.

Die Vernetzungen im Schaltplan
Die Organsprache

Ursache - Wirkung
innen - außen
Sie erinnern sich.

Wir kennen im Volksmund viele Ausdrücke, die genau das wiedergeben, was sich so auf körperlicher Ebene abspielt.
Mir läuft die Galle über
das liegt mir schwer auf dem Magen
Das geht mir an die Nieren
etwas lähmt mich
ich will das nicht mehr hören
jemand ist hartherzig
der Kopf ist voll von so vielem, daß er dröhnt
sich seiner Haut wehren

Wir wollen nun einzelne Organsysteme betrachten und die „Schaltfehler" auf der emotionalen Seite dazu betrachten.

Entzündung, Infektion

Da gibt's Sprengstoff,der sich ent-zündet hat. Eine Infektion ist ein stofflich gewordener Konflikt. Auf der psychischen Ebene wurde dieser Konflikt nicht ausgetragen, deshalb finden wir ihn in der körperlichen Form. Nur durch die Bereitschaft des Körpers dringen die Erreger (Bakterien, Viren, Pilze) in den Körper ein, nicht weil es sie gibt und sie grundsätzlich schädlich sind. Besteht die Fähigkeit, in Symbiose mit ihnen zu leben entsteht kein Kriegszustand im Abwehrsystem. Wir leben nicht in einer keimfreien, sterilen konfliktfreien Welt, sondern gleichberechtigt mit allen Lebewesen, auch Kleinstlebewesen.
Welcher Konflikt erregt so sehr? Wo ist der Ort des geringsten Widerstands? Wo ist die Schwachstelle? Kommt es zu einem Ausheilen des akuten Konflikts oder wird er chronisch, hinterläßt Narben?
Konflikte tun weh, Entzündungen auch. Wer sich psychisch nicht erlaubt zu explodieren, bei dem explodiert es im Körper, durch einen Abszeß, einen Eiterherd, in dem sich der „Konfliktstoff" sammelt um sich zu entleeren.

Setzen Sie jetzt Antibiotika ein (anti = gegen, bios = Leben), also Stoffe, die gegen das Leben gerichtet sind, schütten Sie den Konflikt zu oder schauen Sie hin, was ihnen der Körper signalisiert?

Eine Entzündung bietet die rasche Lösung, es ist eine zugespitzte Situation und drängt auf rasche Klärung. Unterdrücken Sie dies, entstehen chronische und damit schwerer zu lösende Probleme. Eine Entzündung ist ein Reinigungsprozeß. Unterdrücken Sie ihn, verteilen sich die Toxine , anstatt sich nach außen zu entleeren, im Körper. Bei Entzündungen, Infektionen fragen Sie sich bitte: Welchem Konflikt in meinem Leben gehe ich aus dem Weg, will ihn nicht sehen, vermeide ich zu lösen? Mit der Körpersprache finden Sie den Schlüssel zur entsprechenden Tür.

Das Immunsystem, das Abwehrsystem des Körpers
Allergien

Darüber haben wir schon einiges besprochen in diesem Zusammenhang. Abwehren heißt nicht hereinlassen. Du bist mir nicht geheuer, Du bist mein Feind! Abwehren heißt Türe zumachen. Liebe würde sie öffnen.

Abwehr ist also auch ein Liebesproblem. Es geht um die Grenze zwischen

ICH = EGO und DU = alles, was nicht ich bin.

Warum erklärt jemand alles, was nicht ICH = EGO ist, zum Feind? Warum diese Trutzburg von Abwehrsystemen? Warum tobt sich die Aggression statt im Bewußtsein im Körper aus? Feind, Feind, Feind !!! Kampf, Kampf, Kampf !!! Weiß ich überhaupt noch, gegen oder für wen ich da kämpfe, oder schieße ich blindwütig um mich, egal wer kommt, ob Freund oder Feind?

Dahinter steckt doch die pure Angst, verletzt zu werden !! Lebensangst? Angst vor der Welt? Angst vor mir selbst? Welche Lebensbereiche jagen so große Angst ein?

Alles kann zum Feind erklärt werden. Tierhaare sind häufige Allergene: Die Katze symbolisiert schmusen, liebkosen, kuscheln, Liebe, Sexualität, hat aber doch den animalischen Aspekt. Das Pferd hat die triebhafte Komponente stärker betont, beim Hund kommt Aggression stärker zum Vorschein. Die Hausstaubmilbe steht für Dreck und Unreinheit, Angst vor allem Schmutzigen, Unreinen. (Dogma? Keuschheit? alte Glaubenssätze?)

Blütenpollen sind die bevorzugten Allergene der Heuschnupfen-Patienten. Sie sind ein Befruchtungs- und Fortpflanzungssymbol. Bei den Lebensmitteln geht es um unsere vitalsten Bedürfnisse !

Die meisten Allergene sind verbunden mit Lebendigkeit, mit dem Fluß des Lebens, dem Leben als solchem und wie ich mich ihm stelle, wie ich damit klar komme. Ein Allergiker ist im Grunde seines Herzens lebensfeindlich eingestellt, verweigert sich, mit dem Leben zu fließen, sich hinzugeben, weil er sich davor fürchtet. Lieber kapselt er sich ab, verschließt sich.

Wenn er sich nicht lernt zu öffnen, mit dem Lebensstrom zu fließen, dann wird die Aggression auf das Leben sein eigenes zerstören, weil der Krieg sich im eigenen Körper abspielt.

Heute gehört es schon fast zum „guten Ton", sich eine Allergie zuzu-legen, und wenn es eine Sonnenallergie ist. Die Sonne ermöglicht uns das Leben auf diesem Planeten. Und dagegen wehre ich mich? Mit einer Allergie läßt sich prima die Umwelt terrorisieren und jeder spielt mit. Alles, was eigentlich Spaß macht, verbanne ich nach und nach aus meinem Leben, vom Schmusetier bis zum Haustier und der Süße des Lebens beim Essen. Ausflüge, Restaurantbesuche, mal ein Eis um die Ecke - nichts mehr.

Die Atmungsorgane

Was macht unsere Atmung? Lunge, Bronchien, Luftröhre, was ist ihre Aufgabe?

Wenn uns die Luft zum Atmen fehlt sterben wir durch Ersticken. Das ist qualvoll. Wir haben ein extra Atemzentrum im Stammhirn, das diese vitalste Funktion steuert, sonst würden wir jede Nacht sterben.

Wie sieht die Luft zum Atmen aus?

Der Atemvorgang ist ein kontinuierliches Geben und Nehmen.

Atem = lat. Spirit = Geist: es geht auch um unseren Lebensatem (Odem)

Der Schöpfungsgeschichte nach erschuf Gott den Menschen aus Lehm und hauchte ihm dann seinen Odem= Lebensgeist ein. Mir gefällt dieses Bild, weil es nicht um einen abstrakten Begriff geht, sondern veranschaulicht, was unser Lebensgeist ist, was wir sind.

Atem ist nicht sichtbar und doch wirklich, er läßt sich nur erfahren. Nur durch öffnen, hereinströmen lassen gelangt er in uns.

Die Atmung ist unsere Nabelschnur im geistigen Sinne, verbindet und mit den „Lebensgeistern".

Unsere Lunge ist unser größtes Kontaktorgan. Ausgebreitet würde die Fläche der Lungenbläschen die Fläche der Haut übertreffen. Lunge und Haut sind d i e beiden wichtigen Kontaktorgane. Erkrankungen schieben sich oft auch zwischen beiden hin und her. (Ekzem - Asthma)

Was oder wer nimmt Ihnen die Luft zum atmen, stellt Ihnen die Luft ab?

Wie sieht es mit Ihrem Lufthunger aus?

Was finden Sie atem - beraubend?

Was läßt Sie aufatmen?

Was wollen Sie nicht hinnehmen, was nicht hergeben?

Es geht um Gefühle!

Bei allen Erkrankungen im Atmungstrakt geht es um

Kontakt, Berührung, Beziehung
Spannung und Entspannung
Geben und Nehmen
Freiheit und Begrenzung

Ein **Asthma**tiker nimmt zu viel und gibt zu wenig.

Es treten anfallsweise Erstickungsgefühle auf, die AUSATMUNG ist erschwert, das Hergeben. Hergeben erzeugt einen Krampfanfall, dadurch kann er auch nichts Neues mehr aufnehmen. Das Nehmen ohne Geben führt zum Erstickungsgefühl. Der Mensch bekommt das, was er gibt. Und alles ist reichlich und im Überfluß vorhanden.

Asthma heißt auch Engbrüstigkeit, lat. heißt eng - angustus, daraus läßt sich leicht das Wort Angst ableiten. Angst und Enge sind beim Asthma deutlich vorhanden. Es ist ein sich abschließen wollen, dabei besteht auch ein Dominanzanspruch, ein Machtanspruch, eine Aufgeblasenheit (genauso blasen sich die Alveolen in der Lunge übermäßig auf)

Ein Asthmaanfall tritt meist dann auf, wenn der Betroffene mit seinem Dominanz- und Machtanspruch konfrontiert wird. Diese erpresserischen Anfälle kosten ihn fast das Leben... Gleich neben der Macht steht die Ohnmacht. Ein Asthmatiker gibt sich so aufgeblasen, weil er ganz klein und hilflos ist.

Im sich brüsten liegt auch Aggression - sie bleibt in der Lunge stecken statt ausgesprochen zu werden. Asthmatiker sind auch Allergiker - blättern Sie doch kurz zurück.

Das einzige Mittel gegen Angst = Enge ist Ausdehnung

Wie froh sind Sie, wenn Sie sich ab und zu eine harmlose **Erkältung** nehmen können? Ist doch praktisch, das erwischt doch jeden, legitimiert zum Ausruhen, man hat ohnehin die Nase voll, im Kopf sind tausend Bienen, die brummen (ungelöste Sorgen). Erst einmal auf Abstand gehen, und so verhalten wir uns dann auch: Nein, kein Händedruck, kein Kuß, du könntest dich anstecken! Aber ein bißchen verwöhnen kannst Du mich schon, mit einer Wärmflasche (!?), einem Glühwein oder einer heißen Zitrone.

Ach, die **Mandeln** reagieren mit, sind rot und geschwollen, das Schlukken tut weh und das Sprechen auch, da haben sie wohl schon viel zu viel geschluckt und Unrat weggeräumt. Die Mandeln sind ein Lymphatisches Organ und die Aufgabe ist: Schadstoffe unschädlich zu machen. Genauso wie beim Darm.

Was sind wir empfindlich, die Augen tränen, die Nase ist wund, alles ist gereizt, laß mich ganz einfach in Ruhe, dann geht's mir wieder besser. So eine kleine, feine Erkältung ist wirklich gut, ich meine das jetzt ganz ehrlich. Aus jeder Erkältung gehen wir gestärkt heraus, es ist etwas in Fluß gekommen, wir sind wieder einen Schritt weiter, unser Immunsystem konnte ein Manöver veranstalten und sich trainieren, ob alle Abwehrkräfte fit sind, den Chef haben wir ein paar Tage nicht gesehen und jetzt schaut er uns wieder an, nimmt uns wieder wahr und fragt: na, gehts wieder?

Bis zum nächsten mal, wenn Sie die Nase wieder voll haben ...

Der Magen-Darm-Trakt

Was die Lunge im feinstofflichen Bereich ist, das ist der Verdauungstrakt im stofflichen. Alles muß aufgenommen, verwertet, verdaut und wieder ausgeschieden werden. Manchmal vertragen wir nicht alles. Es gibt schon schwer verdauliche Kost, die uns lange im Magen liegt. Oder sind wir so sauer, daß unser Magen sich gleich selbst verspeist ?

Hungern wir nach der Süße des Lebens und werden Zuckerkrank, wenn sie uns versagt bleibt? Drückt sich der Hunger nach Liebe so aus, daß Sie naschen (statt vernascht zu werden)? Liebe und Süßigkeiten gehören eng zusammen. Was ist nach Ihrem Geschmack, worauf haben Sie Appetit? Was wollen Sie haben? Was ist so eklig daß Sie es „zum Kotzen" finden?

Menschen, die viel denken verlangen eher nach salziger Nahrung. Menschen, die nach Liebe rufen/suchen/sich sehnen verlangen Sü-ßes. Menschen, die eher konservativ sind bevorzugen konservierte Nahrung, z.B. Geräuchertes und starken bitteren Tee. Menschen, die offen sind für Neues, die die Herausforderung lieben, essen gut ge-würzt, exotisch ist für sie kein Problem. O nein, das vertrage ich nicht, bloß kein Salz, keine scharfen Gewürze - nur Schonkost für mich, bitte, und am besten püriert, ... muß ich es Ihnen sagen? Das klingt nach Babykost, und nach der sehnt sich unbewußt dieser Mensch zurück, nach heile Welt und Konfliktlosigkeit, er kann nicht zubeißen und will es nicht. Alles roh, ganze Körner, knackige Gemüse, da kann man so richtig seine Zähne zeigen. Na, das werden wir doch sehen, ob ich mir daran die Zähne ausbeiße oder nicht! Den Dingen auf den Kern gehen das ist ihr Motto. Wo bleibt das Weiche? Muß es nur hart zugehen? Wenigstens einen weichen Schlabberpudding zum Nach-tisch? Nix Süßes, keine Liebe?

Die Verdauung beginnt im Mund mit
aufnehmen
festhalten
kauen, beißen, zerkleinern
einspeicheln und damit in verdauliche Einzelbausteine zersetzen
schlucken

Der Speisebrei wird in rhythmischen Bewegungen durch die Speise-röhre gepreßt in den Magen und dort beginnt in aller Ruhe der eigent-liche Verdauungsprozeß, kommen Enzyme, Säuren usw. dazu, bis im Darm dann, wenn Leber/Galle und Bauchspeicheldrüse das ihre noch getan haben, ein Brei zur Verfügung steht, aus dem der Körper verwertbares Material resorbiert und das unverdauliche eindickt und ausscheidet.

Im **Magen** kommt Säure in den Speisebrei. Säure ätzt, greift an, ist aggressiv. Bei Überproduktion sind wir entsprechend sauer.

Ich bin sauer, auf was?
Was schlägt mir auf den Magen?
Welche Aggression schlucke ich, anstatt sie auszuleben?
Was fresse ich in mich hinein?
Warum zerstöre ich mich, meine Schleimhaut und riskiere ein Geschwür, das weh tut, mich das Leben kosten kann und bin weiter sauer?
Bitte Probleme lösen, nicht nur schlucken!
Vorher gut kauen, zerlegen und dann erst schlucken!!!

Säurepuffer als Medikament binden die Säure, aber der Körper produziert sofort wieder nach. Sie haben damit etwas Druck abgelassen und eine momentane Erleichterung, aber nur vorübergehend. Tranquillizer sind Schlaftabletten fürs Vegetativum und werden oft eingesetzt, sie unterbrechen die psycho-vegetative Reaktion oder hemmen sie. Problem verlangsamt, nicht gelöst.

im **Dünndarm**

findet die Aufspaltung in die Einzelbausteine statt, die eigentliche Verdauung. Es geht um analysieren, ins Detail gehen, die Nahrung wird ausgenutzt/verwertet. Dünndarmprobleme haben Menschen, bei denen alles oder vieles unverdaut durchmarschiert, die nicht fähig sind, es auszuwerten, brauchbare Bestandteile zu behalten, man läßt den Dingen ihren Lauf, verliert viel Flüssigkeit (den Hauptbestandteil unseres Körpers) Und auch hier: Angst. Angst im Sinne von Existenzangst, nicht genug herauszuholen, zu verhungern. Schiß haben ist

Angst. Es fehlt die Flexibilität. Nicht festhalten wollen sondern loslassen, erst wenn Sie loslassen kann ihr Körper behalten was er braucht.

Im **Dickdarm** wird der Speisebrei eingedickt, daher der Name. Hier findet keine Verdauung mehr statt. Hier geht es ums ausscheiden, hergeben, was der Körper nicht mehr braucht. Abfallbeseitigung - Entsorgung von Restmüll. Kot hat auch symbolisch mit Geld zu tun. Begriffe wie Geldscheißer kennen Sie, oder? Im Märchen hat der Goldesel auch auf diesem Wege die Goldtaler produziert.
Verstopfung ist die häufigste Störung des Dickdarms. Nicht hergeben wollen, Geiz, klammern am Materiellen steckt dahinter. Es geht um Unbewußtes, auch um unbewußte Ängste, die das Loslassen verhindern. Man kann es im buchstäblichen Sinn nicht hinter sich lassen sondern schleppt alten Ballast mit sich herum, der tot, verbraucht, eigentlich zu nichts mehr nütze ist außer zum weggeben. Also, weg damit.

Colitis ulcerosa ist eine relativ häufige Darmerkrankung. Es kommt zu blutig-schleimigen Stühlen. Kennen Sie den Begriff 'Schleimer'? Da gibt jemand seine Identität auf, um beliebt zu sein. Er hat Angst, sein eigenes Leben zu verwirklichen. Diese unbewußte Angst läßt ihn im stillen Kämmerlein entsprechend im verborgenen Darm Blut und Wasser schwitzen. Er muß lernen, sein eigenes Leben zu leben, oder er verliert es.

Die Bauchspeicheldrüse ist eine Drüse mit zwei verschiedenen Funktionen. Verdauungssäfte werden produziert im sog. exokrinen Teil und Insulin im endokrinen, den Inselzellen. Die Verdauungssäfte helfen die Nahrung aufzuspalten im Dünndarm. Insulinmangel ist die bekannte Zuckerkrankheit. Süß = Liebe, Durchfall der Liebe. Der Zucker kann nicht verwertet werden, die Liebe kann nicht verwertet werden. Schade, wenn der Zucker nur im Urin abgegeben wird. Der Diabetiker will Liebe und traut sich nicht wirklich. Ich darf und kann nicht, ich würde ja schon gerne.

Aus der **Leber** kommt die Galle, die in der **Gallenblase** gespeichert wird. So manches im Leben läßt einem die Galle überlaufen. Die Gallenproduktion ist nur eine Funktion der Leber. Sie ist Entgiftungszentrale, bei der Blutgerinnung beteiligt, beim Eiweißstoffwechsel, der Energieproduktion und der -Speicherung. Die Entgiftungsfunktion ist wohl die wichtigste davon. Vor der Entgiftung steht aber die Unterscheidung in giftig oder nicht, bewerten, sortieren, trennen in brauchbar, gut einerseits und unbrauchbar, schädlich andererseits. Sonst würde das System nicht funktionieren. Wenn die Bewertung stimmt, kommt es zu keinem zuviel. Eine kranke Leber ist eine zuviel-erkrankte Leber. Es wird mehr an Substanzen aufgenommen, als die Leber entgiften kann. Im übertragenen Sinne heißt das: keine funktionierende Bewertung von dem, was mir schadet, was ich verarbeiten kann und dem, was zuviel ist , Maßlosigkeit, überzogene und zu hohe Ideale und Wünsche, er hat eine zu üppige und zu fette Ernährung, meint gar, sich etwas Gutes zu tun, verbindet das zuviel mit Lebensfreude, schadet sich dabei aber. Denn der Leberkranke verliert Energie und Lebenskraft. Er verliert die Lust an allem, was er im Übermaß aufgenommen hat. Er muß dieses Zuviel loslassen und sein Körper zeigt ihm das auf seiner Ebene. Die Einschränkung, Ruhe und Entbehrung, die der Leberkranke, z.B. bei einer Hepatitis, im Krankenhaus (vielleicht sogar in der Isolierstation) erlebt, sind eine Möglichkeit der Rückbesinnung. Maßhalten in allen Dingen ist gefragt.

„Gefräßigkeit" führt zu Übersättigung. Bewerten setzt voraus, daß ich Werte habe. Also ist die Voraussetzung, meinen Maßstab zu entwickeln für mich, was empfinde ich für mich als zuträglich, was nicht. Nicht ständig überbewerten, nicht ständig überlasten und Ersatzwerte konsumieren. Es sind nicht zuletzt die „oralen Ersatzbefriedigungen", die zuviel werden.

Also: echte Werte finden, keine Eigentore schießen !!

Die Gallenblase nimmt die von der Leber gebildete Gallenflüssigkeit auf und sammelt sie, um bei Bedarf, zur Fettverdauung, eine entsprechende Menge zu entleeren. Sie hat die Funktion eines Stausees, der bei entsprechendem Bedarf sein Reservoir entleert. Womit die Galle in Verbindung gebracht wird kennen wir aus dem Volksmund alle sehr gut: jemand spuckt Gift und Galle, wenn einem die Galle überläuft ist man ganz schön ungenießbar.

Gallensteine sind die häufigste Erkrankung der Gallenblase. Es ist etwas zu Stein erstarrt, was vorher flüssig war. Gefrorene Wut, nicht gelebte Aggression, geronnene Energie. Warum zählen verheiratete Frauen mit Kindern zu den häufigsten „Steinträgern"? Die Mütter stellen meistens ihre eigenen Bedürfnisse hinter denen ihrer Kinder und denen ihres Mannes zurück. Sie leben ihre Bedürfnisse nicht, fühlen sich eingeengt. Aber als liebe Mutter darf man diese Gefühle nicht haben.

Aggression wird meist mißverstanden als etwas, das man nicht haben darf. Jeder Mensch hat zumindest hin und wieder aggressive Empfindungen und das ist gut so und gehört zum Menschsein. Die Frage ist nur: Wie gehe ich damit um? Wenn ich diese Gefühle nur negiere und verdränge, dann somatisieren sie sich irgendwann. Wenn ich sie in der Form auslebe, daß ich anderen dadurch schade, bringt es nur Ärger und keine wirkliche Lösung. Was also tun?

Die beste Lösung scheint mir zu sein
1. sich der Aggressionen überhaupt bewußt zu werden und sie gestatten, nicht verdrängen.
2. sie in unschädlicher Form auszuleben.

Lassen Sie ruhig einen Schrei los und schimpfen Sie. Schlagen Sie ruhig auf ein Kissen ein, traktieren Sie einen Boxsack, strampeln Sie sich auf dem Fahrrad ab oder im Fitness-Studio. „Entladen" Sie sich in der Form, die Ihnen liegt. Es geht auch gedanklich. Nur verdrängen ist die schlechteste Lösung. Kein Mensch ist immer „lieb Kind" und sanft wie ein Lamm. Das ist ein falsches Ideal. Die sogenannten negativen Gefühle gehören genauso zu uns wie das gut sein. Wir sollten aber versuchen, diese Gefühle zu transformieren, und je mehr Sie an sich arbeiten, um so rascher erkennen und fühlen Sie Ihre Gefühle, können daran arbeiten und brauchen nicht mehr zu warten, bis Ihnen die Galle bereits überläuft.

Bulimie und Anorexia nervosa = Magersucht

müssen im Zusammenhang mit dem Magen-Darm-Trakt noch erwähnt werden. Bei beiden Krankheitsformen fehlt das rechte Maß: die einen fressen unkontrolliert in sich hinein und geben es dann genauso wieder her, die andern verweigern sich total und essen gar nichts bzw. fast nichts. Beides hat mit fehlender Lebensfreude und Vitalität, mit nicht rund sein sowohl äußerlich wie innerlich zu tun. Die an diesen Krankheiten Erkrankten, fast ausschließlich junge Frauen, lehnen sich gegen den natürlichen Lebensprozeß auf, wollen nicht erwachsen, nicht Frau werden. Mit viel List wird die Umwelt getäuscht. Der Konflikt zwischen Geist und Materie steht im Hintergrund, die Form der gelebten Askese geht bis zur Selbstzerstörung und Selbstaufgabe. Der weibliche Körper kann sich nicht entfalten, die Menstruation fehlt meist, die weiblichen Rundungen sowieso. Diese Menschen haben vor sich selbst Ekel, fühlen sich unrein, Sexualität ist für sie unvorstellbar. Angst vor allem Lebendigen steckt dahinter, Heißhunger auf Leben. Heimlich leben sie auch ihre Freßorgien mit anschließenden Schuldgefühlen. Der Konflikt zwischen Gier und Askese treibt diese Menschen von einem ins andere Extrem. Zwangsernährung, die oft erforderlich wird, kann nicht die alleinige Lösung sein. Es sind sehr tief verwurzelte Blockaden zu lösen.

Die Haut

Möchten Sie auch manchmal aus der Haut fahren, oder fühlen Sie sich wohl in Ihrer Haut? Juckt Sie manchmal das Fell? Haben Sie sich ein dickes Fell zugelegt oder geht Ihnen so manches unter die Haut?

Die Haut bietet uns Schutz, hält unseren Körper zusammen, grenzt uns ab. Sie ist unser größtes Kontaktorgan. Wir können sie berühren, streicheln, liebkosen, sie hat mit Liebe und Sexualität zu tun. Über die Haut scheidet der Körper Flüssigkeit in Form von Schweiß aus, was zum einen zur Wärmeregulation dient bzw. kühlend wirkt und zum andern auch Entgiftungsfunktion hat. Die Haut beherbergt Reflexbereiche aller Organe. Jede Störung eines Organs wird auf die Haut reflektiert. Zeigen sich Hautveränderungen in Form von Ausschlägen, Pickeln, Abszessen, Ekzemen, Warzen usw. so ist der Ort ihres Auftretens nicht willkürlich und kann im Sinne der Körpersprache zugeordnet werden. Das leuchtet Ihnen sicherlich ein, auch ohne groß darüber nachzudenken, daß ein Abszeß am After mit der Ausscheidung zu tun hat (siehe dort), im Genitalbereich mit der Sexualität, an den Händen mit handeln. Das Gesicht ist unser unverhülltester Körperbereich und für jeden sichtbar, Veränderungen hier wirken sich am fatalsten aus.

**Über die Haut zeigen wir UNS der Welt,
durch sie projizieren wir UNS nach außen.**

Unsere Emotionen zeigen sich, indem wir blaß vor Schreck, oder schamrot werden, sich uns vor Entsetzen die Haare sträuben und wir vor Angst eine Gänsehaut bekommen oder uns der kalte Schweiß ausbricht.
Der Wunsch schön zu sein erschöpft sich für viele im schön aussehen, und die Kosmetik macht so manches möglich, auch der Chirurg wird bemüht, um ein Schönheitsideal zu erfüllen. Ich frage mich nur:

ist das ehrlich, ist das nicht Betrug an der Persönlichkeit? Die äußere und die innere Schönheit sollten in Einklang stehen...

Das Thema EIGENLIEBE zeigt sich ganz besonders hier. Nehme ich mich an, wie ich bin, mit allen vermeintlichen Fehlern, Unebenheiten usw.? Auch mit schiefer Nase und abstehenden Ohren bin ich liebenswert!

Während der Pubertät läuft fast jeder Jugendliche mit Pickeln herum. Es ist die Zeit im Wandel vom Kind zum Erwachsenen und die hiermit einher gehenden Konflikte dringen in dieser Form nach außen.

Neurodermitis ist schon fast zur Zeitkrankheit geworden. Was geht da vor sich? Die Haut juckt, durch Kratzen wird Linderung gesucht, was aber den Juckreiz noch erhöht. Die Haut und der Mensch sind gereizt, überreizt, zu vielen Reizen ausgesetzt, die nicht verarbeitet werden können.

Die Umwelteindrücke können reizend, reizvoll im positiven Sinne sein und uns erfreuen, aber auch so sehr reizen, daß es uns erregt und reizbar macht. Diese Reize, wenn sie auf der psychischen Ebene nicht verarbeitet werden können, treten nach außen in Erscheinung und zeigen, wo das Fell juckt, wo die unverarbeiteten Konflikte sind. Anstatt zu lernen, die Reize zu verarbeiten und Überreizung, Reizüberflutung zu vermeiden geschieht meist das, was bekannt ist: Unterdrücken, Verleugnen, nicht hinsehen wollen. Es gibt ja Cortison, damit gehen die Symptome schnell weg (und kommen auch wieder zurück...)

Man muß im Bewußtsein so lange kratzen, bis man den Grund gefunden hat, was da so juckt und stört, was so quält und penetrant überreizt ist.

Die Haut ist, speziell bei der Neurodermitis, Projektionsfläche für Allergien - siehe dort. Auch die Überreaktion auf Schadstoffe, Schwermetalle usw. spielen eine Rolle. Die Reizüberflutung ist das Thema unserer heutigen Zeit. Entsprechend zeigen wir uns auch. Und die Schwächsten reagieren am schnellsten. Die Kinder sind die häufigsten Neurodermitis-Patienten.

Und, liebe Mütter, Sie und Ihr Kind reagieren sehr stark miteinander und sehr sensibel aufeinander mit Ihren Emotionen. Schaffen Sie Ruhe, Harmonie und eine liebevolle Atmosphäre, in der sich Ihr Kind in seiner Persönlichkeit entfalten kann und seinen Bedürfnissen entsprechend leben kann. Kinder sind keine kleinen Erwachsenen und sollten nicht übermäßig unter Leistungsdruck stehen. Auch wenn alle anderen es anders machen, sagen Sie NEIN, wenn Ihr Kind von Termin zu Termin hecheln soll. Überlassen Sie Erziehung auch nicht „der Glotze" und Videos. Passen Sie sich Ihrem Kind an, lassen Sie es träumen und spielen und überfordern Sie es nicht durch Ihre Ansprüche.

Akzeptieren Sie, daß Ihr Kind eine reife Seele hat, die sich entfalten möchte auf ihre ureigenste Art und Weise.

Die Nieren

sind eine hoch komplizierte Filterstation. Alle zur Ausscheidung kommenden Stoffe aus dem Blut werden auf chemischem und physikalischem Weg ausgesondert und ausgeschieden. Dies sind Giftstoffe, Schwermetalle sowie Stoffwechselendprodukte u.a. Dabei muß sehr sorgfältig abgewogen werden, was der Körper zurück bekommt, zum Beispiel Salze, das Säuren-Basen-Gleichgewicht muß erhalten bleiben. Der pH-Wert spielt sich in ganz geringen Grenzen ab, schon minimale Abweichungen bringen das Gleichgewicht durcheinander. Die Nieren stehen für Partnerschaft allgemein, wie alle paarigen Organe. Die Lungen symbolisieren den unverbindlichen Kontakt- und

Kommunikationsbereich, die Eierstöcke bzw. die Hoden den sexuellen Bereich.

Die Nieren stehen für Partnerschaft im Sinne von engen mitmenschlichen Beziehungen und Begegnungen zu Eltern, Geschwistern, Partnern. In der chinesischen Medizin ist die Niere Sitz der Erb-Energie. Hinter Erkrankungen der Nieren stecken Beziehungsprobleme, geht es um den Blick für die Ganzheit.

Wir haben alle weibliche und männliche Seelenanteile. Leider blicken wir nur aus unserem begrenzten Ego heraus auf die Welt und unsere Mitmenschen. Vollkommenheit fehlt, die Polarität unseres Bewußtseins verhindert uns das Bewußtsein des Ganzen. Dadurch entstehen auch Probleme im Umgang mit Partnern. Je nachdem, ob wir mehr den männlichen oder den weiblichen Anteil leben, entsprechend weiblich oder männlich sind, müssen wir doch die andere Seite, die ein Schattendasein führt, auch leben und ihrer bewußt werden.

**Das, was wir an einem anderen
lieben oder hassen
liegt letztendlich immer in uns selbst,
sind Projektionen unseres Unbewußten.**

Reflektiert uns ein Partner unseren Schattenbereich, so fühlen wir uns angesprochen, empfinden Liebe. Er macht uns deutlich, welche bisher verborgenen Anteile uns bewußt werden sollen. Wenn jemand eine sehr tiefe, gut versteckte Schicht unseres Schattens reflektiert, dann hassen wir ihn schon mal dafür. Wir fühlen uns vom anderen Geschlecht angezogen, weil es uns fehlt. Wir haben mitunter auch Angst vor einem Partner, weil wir ahnen, daß er unser Innerstes berührt, alle unsere Saiten zum klingen bringt.

**Alle Schwierigkeiten,
die wir mit unserem Partner haben
sind Schwierigkeiten,**

**die wir mit uns selbst haben.
Jeder lebt den Schatten,
die unbewußten Seiten des anderen.**

Gegensätze ziehen sich an - damit läßt sich viel lernen, wenn man bereit ist, es zu tun. Partnerschaften mit sehr ähnlichen Partnern scheinen leichter zu gehen, bieten weniger Reibungspunkte, aber auch weniger Entwicklungsmöglichkeiten. Eine Partnerschaft sollte zum Ziel haben, daß jeder der Partner ganz wird, das heißt durch die Erlösung und Integration der unbewußten Anteile in sich Klarheit, Vollkommenheit und Unabhängigkeit findet. Dies ist nicht möglich, wenn einer „ohne den anderen nicht leben kann oder will", „klammert", abhängig macht oder als Besitz betrachtet (Das ist Freiheitsberaubung und läßt keine Entfaltung und kein Wachstum zu). Sicher, es ist bequemer, aber auch feige, wenn man seinen Partner seine eigenen, „unangenehmen" Seiten leben läßt ohne den Versuch zu unternehmen, diese bei sich selbst aufzulösen. Den Anderen zu beschimpfen und zu verachten bedeutet aber, daß man sich das selbst zufügt, es sind die eigenen unerlösten Anteile. Eingefahrene Rollenspiele heißt es aufzugeben, um wachsen zu können, um frei zu werden. Es geht wie immer nicht nur um Symptom-verschwinden-lassen sondern um Ursachenforschung und -bereinigung. Das stellt partnerschaftliches Verhalten in Frage und auf den Kopf. Partnerschaft ist Begegnung in Freiheit, nicht in Bedürftigkeit.

Liebe ist ein Akt des Bewußtseins und -werdens, man muß seine eigenen Bewußtseinsgrenzen sprengen, sich öffnen, sonst ist wirkliche Begegnung nicht möglich, kann nichts fließen. Genauso wie die gesamte Körperflüssigkeit ständig die Niere durchfließt, so muß die Liebesenergie frei unser ganzes Sein durchfließen können, damit Partnerschaft wirkliche Freiheit und Liebe sein kann.

Die Elementelehre ordnet dem Element Wasser den Gefühlsaspekt zu, entsprechend organisch die Niere. Wenn alles fließen kann, keine Blockaden vorhanden sind, ist der Gefühlsaspekt ausgeglichen.

Liebe ist nicht materiell, sondern eine Frage des Erlebens, des Bewußtseins. Liebe ist die stärkste Emotion = Energie.

Die Niere wird sowohl mit körpereigenen als auch fremden Stoffen konfrontiert. Ständig muß sie aussortieren, was sie anerkennt, was sie zurücknimmt, und was sie hergibt. Der Ausgleich muß stimmen, oder es kommt zu Ungleichgewicht, das lebensbedrohlich werden kann. In der Niere sind auch Regulatoren für den Blutdruck.

In Geselligkeit wird erfahrungsgemäß mehr getrunken, auch mehr geraucht als sonst, was unser Kontaktbedürfnis zum Ausdruck bringt. Wir regen unser Kontaktorgan zu mehr Arbeit an. Wir trinken einen Begrüßungsschluck genauso wie ein letztes Glas zum Abschied.

Wasser ist der Hauptbestandteil unseres Körpers. Auf Emotionen reagieren wir mit verändertem Wasserhaushalt, müssen öfters Wasser lassen, weinen, schwitzen. Bettnässer lassen ihren ungeweinten Tränen auf ihre Art freien Lauf, aus dem Unvermögen, sie richtig zu kanalisieren.

Die Entzündung der Nieren zeigt hier wie auch sonst einen akuten Konflikt an.
Nierensteine haben viel mit der aufgenommenen Flüssigkeitsmenge zu tun. Je mehr jemand trinkt, um so geringer die Gefahr. Nierensteine sind eine erstarrte Anhäufung von Stoffen, die ausgeschieden werden müßten. Sie behindern dann den ungestörten Fluß und können zu Koliken führen. Der Stein entspricht ungelösten Konflikten, die längst geklärt sein sollten, nicht mehr wichtig sind, sie blockieren den Fluß der Entwicklung und zeigen eine festgefahrene Situation. Die Situation der Kolik zwingt zur Bewegung, sogar zum Hüpfen, Treppen steigen und viel trinken, um den Stein ins Rollen zu bringen, um Entwicklung in Fluß zu bringen. Wenn dies nichts nützt, muß der Fachmann diese Aufgabe übernehmen und chirurgisch eingreifen. Männer er-

kranken häufiger an Nierensteinen, Frauen häufiger an Gallensteinen. Harmonie und Partnerschaft sind eher „weibliche" Themen, die männlichem Ego schwerer fallen. Aggressives Durchsetzen ist eher „männlich" und weniger weiblich, deshalb die vermehrte Steinbildung in der Galle bei Frauen.

Kommt es zu Schrumpfniere und Nierenversagen und damit zur Selbstvergiftung des Körpers wird, wenn man dies nicht möchte, eine künstliche Niere erforderlich. Die Maschine wird zum „Partner", der allerdings die partnerschaftliche Problematik nicht lösen kann. Möglicherweise wurde wirkliche Partnerschaft gar nicht gelebt. Vielleicht war kein Partner perfekt genug, oder der Freiheitsdrang größer, die Angst vor Nähe stärker als der Wunsch, sich der Konfrontation mit einem Partner zu stellen. In der Vorgeschichte nierengeschädigter Menschen findet sich häufig ein Tablettenmißbrauch (Schmerzmittel, Tranquillizer usw.). Mit der lebenserhaltenden Maschine ist die Abhängigkeit größer denn je: viele Stunden sind nötig, um die sonst so selbstverständliche Arbeit der Nieren auch nur halbwegs zu ersetzen.

Alles was an die Nieren geht
hat mit Partnerschaft zu tun und dem Erkennen des ICH im DU.

Bei Wasseransammlung im Gewebe sind auch die Gefühle nicht im Fluß, die Ursache dafür kann die Niere sein oder das Herz (siehe auch dort).

Die Blase ist ein Sammelbehälter, ähnlich wie die Gallenblase. Der konzentrierte Harn mit allen zur Ausscheidung bestimmten Stoffen sammelt sich darin, bis die Aufnahmekapazität erreicht ist und ein wohl vertrauter Druck uns an einen bestimmten Ort treibt - normalerweise. Es kann aber auch anders sein. Unwillkürlicher Harndrang kann auftreten. Der Zeitpunkt zum Loslassen wird nicht realisiert und kontrolliert, die Blase macht dann was sie will und muß, eben ohne das Dazutun des betroffenen Menschen. Was nicht verwertet werden kann, was der Körper nicht mehr braucht, entsprechend auf der seelischen Ebene überflüssig ist bringt die Blase zum überfließen. Es sucht sich seinen Weg in die Befreiung, wenn es nicht freiwillig geschieht, dann eben unkontrolliert.

Druck erfordert immer loslassen, körperlich wie seelisch. Festhalten heißt Regression. Geschieht die Loslösung auf der seelischen Ebene nicht, wird sie körperlich schmerzhaft erlebt. Übermäßiger Druck und Drang läßt auf „legitime" Art und Weise immer auf die Toilette flüchten, jedes Gespräch unterbrechen, jeder unangenehmen Situation entfliehen, sich davonstehlen, Druck und Macht ausüben. Gut getarnte, indirekte Machtausübung. Es handelt sich um ungelebte, unbewußte Machtansprüche und -wünsche auf der Gefühlsebene.

Zum Thema Bettnässen noch einmal:
Viele ungeweinte Tränen sind das, wie schon erwähnt, auch Hilflosigkeit in den Gefühlen zum Partner, bei Kindern gegenüber den Eltern. Der emotionale Druck ist übermächtig. Das Kind kann weder loslassen noch seine Ansprüche vertreten. Durch das Einnässen „erledigen" sich einige Dinge gleichzeitig:
1. ich will wieder Baby sein, so unbedarft und sorglos und umsorgt.
2. Die übermächtigen Eltern werden hilflos gemacht, das Kind kann seine Dominanz ausleben.
3. das Loslassen des inneren Drucks, was anders nicht möglich scheint.

Es handelt sich bei allen Problemen
im Zusammenhang mit Blase und Niere
um vergangenes, überlebtes Material auf der Gefühlsebene,
um Festhalten an alten Strukturen und Verhaltensmustern.

Eine Bemerkung noch:

Groß in Mode gekommen und in der Naturheilkunde schon lange als Therapie bekannt ist die Eigenurintherapie. Sie können sich jetzt besser erklären, was dabei geschieht: ein ganz bewußtes Konfrontieren mit dem „alten Müll" !!!! Und es wirkt sehr gut, manchmal auch mit überschießenden Reaktionen.

Sexualität und Geschlechtsorgane

Das ist nun ein „heißes Eisen", nichts sonst ist so tabu wie der Bereich der Sexualität. Ein weites Übungsfeld eröffnet sich uns durch unser Frau- oder Mann-sein, viele Begrenzungen haben wir uns auferlegt oder auferlegen lassen. Das tut man nicht, das ist schlecht, ich darf die Kontrolle über mich nicht verlieren, darf mich nicht hingeben, nicht Verlieben, sonst werde ich ent-täuscht, aber wollen tu ich schon.... Wir sind mit unserer eigenen Unvollständigkeit konfrontiert, wir sind weiblich oder männlich, suchen den Anderen und haben auch Angst. Durch die Sexualität sind wir zu den höchsten und tiefsten Gefühlen fähig, die wir erleben können, sind sozusagen dem Himmel ein Stück näher. Dies aber nur dann, wenn die sexuelle Vereinigung Hingabe ist, Aufgabe des Ego-Denkens, wenn wir uns vom Strudel der Gefühle mitreißen lassen, losgelöst sind von allem Denken, vom Verstand. Die Verschmelzung im Orgasmus ist nur möglich, wenn aus zwei entgegengesetzten Polen, aus Yin und Yang, Mann und Frau, **eins** wird.

Dies kann nicht nur ein Vorgang auf der körperlichen Ebene sein, sondern erfordert Verschmelzung zweier Persönlichkeiten, zweier Seelenwesen. Die Körperlichkeit und die damit verbundene ganz natürliche Ausdrucksform der Sexualität wurde in unserer Vergangenheit über lange Epochen hinweg regelrecht verteufelt, gar verboten. Daran „erinnern" wir uns noch in den Tiefen unserer Seele, an diese Verbote und Zwänge - und bringen uns um die größte Freude, wenn wir diesen Hintergrund nicht klären und die alten Muster nicht auflösen. Da wirken Keuschheitsgelübde, Schwüre, Magie. Selbst bei der

Generation unserer Eltern und Großeltern diente die sexuelle Vereinigung mehr der Befriedigung von (männlichem) Trieb und zum Kinderzeugen. Frau stand zur Verfügung und machte die Augen zu. Freude, Glückseligkeit war wohl in der dunklen Stube, verhüllt und zugedeckt von Federbetten in ... Minuten nicht drin, mangels Aufklärung meinten die Frauen auch wohl, daß sie dieser „lästigen Pflicht" eben nachzukommen hätten. Kaum vorstellbar für uns aufgeklärte Menschen - oder doch? Noch immer schwingt für viele Frauen sehr viel Angst, Befremden und Unterwürfigkeit mit.

Sigmund Freud, einer unserer großen Psychologen, führte mehr oder weniger alle neurotischen Fehlverhalten auf sexuelle Probleme zurück. In einem hat er sicher Recht: der Bereich der Sexualität ist das Elementarste, und Störungen hier wirken sich sehr viel stärker und nachhaltiger aus als in allen anderen Körperbereichen. Und genau deshalb, weil es hier um den Kern unseres Seins geht, um die ewige Suche nach dem GANZ-SEIN, nach VERSCHMELZUNG und GLÜCK-SELIGKEIT, letztendlich um die Suche nach uns selbst, nach GOTT geht, fühlen wir uns bei Störungen im sexuellen Bereich ganz persönlich verletzt. Wir fühlen in uns, ganz tief im Herzen, daß uns die Polarität trennt von der Einheit, nach der eine tiefe Sehnsucht in uns schlummert.

Menstruation - Störungen im weiblichen Zyklus

Als Frau sind wir sehr deutlich jeden Monat mit unser Sexualität bzw. unserer Geschlechtlichkeit konfrontiert. Je nach Einstellung ist uns die monatliche Regelblutung Last, bedeutet Schmerz bis zum Krankheitsgefühl oder wir haben damit keine Probleme, es gehört einfach dazu. Störungen der Menstruation haben immer mit unserer Rolle als Frau zu tun, ob wir uns wohl fühlen darin oder vielleicht Ekel, Abscheu und Verachtung dafür haben.

Sich fügen in dieses „Schicksal" hat auch mit Hingabefähigkeit zu tun. Nicht ausgesöhnt sein mit seiner Weiblichkeit ist letztendlich Ursache von Zyklusstörungen. Fließe ich mit dem Strom des Lebens, gebe ich mich ihm hin und bin zu Hause in mir, dann kann ich auch die Vorgänge in meinem Körper hinnehmen, empfinde sie nicht als Last, sondern als Ausdruck meiner Lebendigkeit.

Stirb und werde, dieser Grundsatz gilt auch hier: Aufbau der Schleimhaut in der Gebärmutter, um neues Leben wachsen zu lassen, ihm ein Bett zu bereiten, und dann dieses wieder auflösen, wenn es nicht benötigt wird - das ist der Vorgang Monat für Monat.

Dieses Wunderwerk Körper arbeitet unermüdlich an Aufbau und Abbau, auch hier. Krämpfe während der Menstruation zeigen ein krampfhaftes Verhalten und Festhalten an. Die Hingabe an den Fluß des Lebens fehlt. Loslassen, Hingeben, Geschehen lassen ist die einzige Lösung dieses Problems, aufgeben der ICH - Verkrampfung.

Schwangerschaft und ihre möglichen Störungen

Die Schwangerschaft ist ein eigentlich unproblematischer Bereich, auf den unser Körper bestens eingestellt ist. Seit Ewigkeiten werden Kinder geboren.

Ich hatte die große Freude, bei meiner Katze zu erleben, wie sie Junge bekam. Alles lief mit einer so unglaublichen Ruhe, Selbstverständlichkeit und Natürlichkeit ab, da war keinen Moment das Gefühl ich müsste eingreifen oder etwas „tun". Ich hatte eben da zu sein, Nähe und Geborgenheit zu geben, „Händchen zu halten" im übertragenen Sinn. Ich muß dazu sagen, daß meine Katze im Alter von ca. 10 Tagen, verstoßen und ausgesetzt von ihrer Katzenmama, zu mir kam. Sie hört fast nichts, ihr fehlt ein Hüftgelenk und sie ist sehr klein gewachsen. Wäre sie ein Mensch, würde sie sofort eine Risiko-Schwangere - das wird man schnell heutzutage. Es ist in der Gynäkologie nicht anders als in anderen Fachbereichen: der Segen moderner Diagnostik und Therapie wird zum Fluch.

Eine „alte Erstgebärende" - wie das schon klingt - wird zur Fruchtwasserpunktion und weiteren Eingriffen regelrecht gedrängt. Tut sie es nicht und funktioniert nicht wie gewünscht, dann werden ihr derart starke Schuldgefühle aufgebürdet, daß sie den Rest der Schwangerschaft in Angst verbringt, weil sie ja Schuld hat, wenn mit dem Kind etwas nicht stimmt. Läßt sie sich Punktion und Biopsie machen, erlebt sie einige Tage zwischen Hoffen und Bangen, denn sie steht vor der Frage: wenn der Arzt mir sagt, das Kind ist behindert, dann muß ich mich für oder gegen das Leben entscheiden, für oder gegen einen Abbruch. Entscheidet sie sich für das Leben eines (wahrscheinlich) behinderten Kindes entgegen dem Anraten des Arztes, so ist der Gedanke nicht ganz wegzuwischen, wann der Zeitpunkt gekommen ist, daß diese Mutter auch dafür „bestraft" wird, indem sie die Kosten für dieses Kind selbst übernehmen muß, um der Gesellschaft nicht zur Last zu fallen.

Was ist lebenswert, wer entscheidet darüber? Die heutige Zeit ist kalt, berechnend, cool eben. Und da hat jemand, der nicht genormt ist, schlechte Karten. Übrigens glaube ich, daß weit mehr Behinderungen während und nach der Geburt entstehen, durch Behandlungsfehler, insbesondere bei den programmierten Geburten und bei „Frühchen". Ich bin überzeugt davon, daß die Gefahr, durch einen Unfall zu Schaden zu kommen größer ist als alle Gefahren im Zusammenhang mit Schwangerschaft und Geburt. (Unsere Notfallmedizin schafft viele Behinderte.)

Durch die Emotionen der Mutter selbst sind naturgemäß einige Störungen während der Schwangerschaft zu erklären. Wir wollen ehrlich sein und bleiben, weil wohl jede angehende Mutter behauptet, das Kind zu wollen. Trotzdem lügt der Körper nicht und zeigt, was im Verborgenen doch wirkt: Ängste, Zweifel, Ablehnung, Nicht hergeben wollen dann zum Ende der Schwangerschaft.

Eine Schwangerschaft stellt das ganze Leben auf den Kopf. Wir haben heute sehr viel mehr Zeit, uns darüber Gedanken zu machen als in früheren Generationen. Eine vorübergehende Übelkeit zu Beginn der Schwangerschaft ist normal und durch die Hormonumstellung begründet.

Je mehr eine Frau in ihrer angestammten Rolle, in ihrer Mitte ist, um so schneller verschwinden diese Unpäßlichkeiten. Bleibt Übelkeit und Erbrechen weiterhin bestehen und zeigen Krankheitscharakter, dann stimmt etwas nicht, dann sollte sich diese Frau ernsthaft damit auseinandersetzen und ihre Gefühle ordnen, sich Aussöhnen mit sich, ihrer Weiblichkeit, der Situation und ihrem ungeborenen Kind. Unbewußte Ablehnung einer Schwangerschaft ist der Hintergrund beim Abort. Auch bei der Gestose geht es darum, durch diese Art der Vergiftung das Kind los zu werden, dabei ist die eigene Gesundheit aber auch gefährdet. Woher diese Ablehnung kommt muß geklärt werden, es gibt viele Ursachen dafür.

Zum Zeitpunkt der Entbindung kann nun das Kind übertragen werden = festgehalten werden, eine Früh- oder Sturzgeburt sein = das Kind wird rausgeschmissen, aus welchem Grund auch immer. Es kann ein schmerzvolles Loslassen sein oder ein angenehmes, gefühlvolles, trotzdem nicht ganz schmerzfreies „ich freu' mich auf dich Erlebnis" werden.

Schwangerschaft und Geburt sind keine Krankheit, sie können aber dazu gemacht werden. Betrachten wir, wie in Naturvölkern die Kinder zur Welt kommen, dann müssen wir ehrfurchtsvoll sein und uns eingestehen, daß wir aus der natürlichsten Sache der Welt ein nicht kalkulierbares Risiko machen. Unsere Zivilisation ist so weit „fortgeschritten", daß der Bezug zum Ursprung weitgehend fehlt. Und das macht die Sache nicht leichter.

Hinter allen sexuellen Schwierigkeit steckt Angst in irgend einer Form. Von der Angst zu Versagen, nicht vollkommen zu sein bis zur Angst vor Hingabe, die Angst los zu lassen. Als Frau stellt sich der Konflikt, Hure, Mutter und ehrbare Frau in einer Person sein zu sollen/wollen.

In unserer Zeit, in der alles einem enormen Leistungsdruck unterworfen ist, stellt auch die Sexualität - wen wunderts - keine Ausnahme dar, „Sexakrobatik" und „immer doller, immer mehr Kick" - „immer noch eine neue Variante" ist für viele „Kult" . Und immer mehr junge Männer werden impotent, weil sie diesen Leistungsdruck nicht aushalten, den sie sich selber machen.

Blut, Herz und Kreislauf

Blut wird als Lebenssaft bezeichnet. Und das zurecht. Es werden/ wurden Blutsbrüderschaften geschlossen als Ausdruck tiefster Verbundenheit. Ein Tropfen Blut beinhaltet den ganzen Menschen und läßt Diagnosen stellen. Blut hatte immer rituellen Charakter, mehr als alle anderen Körperflüssigkeiten.
Das Blut kann in Wallung geraten, uns in den Kopf steigen, versacken und uns in Ohnmacht versinken lassen. Steht jemand unter Druck, setzt sich unter Druck oder überläßt das anderen/den Umständen, dann steigt auch sein Blutdruck. Steht jemand nicht „zu einer Sache", ist schwach, traut sich nicht, will gar nicht, zieht sich zurück, dann zieht sich auch sein Blutdruck zurück. Es fehlen ihm Standfestigkeit und Stehvermögen. Verbunden damit ist oft eine Anämie, ein Eisenmangel. Die Umsetzung der mit der Atemluft angebotenen All-Energie in körperliche Tat-Energie ist erschwert, gestört, es geht um die eigene Passivität statt Aktivität.

Bürstenmassagen, Kneippen, Wechselduschen, joggen usw. regen die Durchblutung an, der nicht gelöste Konflikt ist damit aber nicht gelöst.

Also: Hinter die Kulissen schauen, welchem Konflikt ich da aus dem Wege gehen möchte, welchem Druck ich nicht stand halten kann.

Beim Hypertoniker, beim Bluthochdruck, ist das Gegenteil der Fall, er steht unter Druck und ständigem Streß, seelisch wie körperlich, Dauererregung, ohne daß es zu einer Klärung, einer Umsetzung in die Tat kommt. Ständige Konfliktnähe ohne Lösung. Ständiger Druck ohne Ventilöffnung.. Das geht nicht gut auf Dauer. Typischerweise flieht der Hypertoniker in Betriebsamkeit und Geschäftigkeit, ohne seine Konflikte anzusehen, um sich in der Außenwelt abzulenken von seiner Innenwelt.
Selbst-Beherrschung, alles unter Kontrolle halten, das ist sein Motto.

Erstarren dann auch noch die Gefäße, weil Flexibilität und Elastizität gewichen sind und nur noch Starre, Erstarren, Steifheit da ist - dann „geht nichts mehr", dann trifft ihn wirklich „der Schlag", das Maß ist voll. Und spätestens als Schlaganfall-Patient mit Lähmungserscheinungen muß er geschehen lassen, daß ihn jemand füttert, windelt, versorgt - er kann sich nicht mehr kontrollieren.

Das Herz, unsere Pumpe

arbeitet Tag und Nacht unermüdlich und hält unsere Ängste, Schrekken, Freuden, Sorgen usw. aus, ohne uns „aus der Brust zu springen". Zum Glück für uns ist seine Funktion, genauso wie die der Atmung, unserer willentlichen Kontrolle entzogen, sonst ginge es uns wesentlich schlechter.

Das Herz ist wie kein anderes Organ mit unseren Emotionen verbunden, was wir aus unseren Redewendungen, Sagen und Märchen zu gut wissen. Da kann ein Mensch hartherzig oder gutherzig sein, sein Herz verlieren, das Herz springt vor Freude oder rutscht in die Hosentasche, wenn etwas nicht geklappt hat, zwei Herzen finden zueinander, ein gutes Herz hat aufgehört zu schlagen, das geht uns zu Herzen, wenn einer so herzlos sich verhält, daß man den anderen an sein Herz drücken möchte, weil man ihm von Herzen verbunden ist oder ein Herz für Kinder hat oder nicht herzlos sein möchte.

Unser Herz sind eigentlich zwei Herzen, ein linkes und ein rechtes. Unser Herzschlag sind zwei Herzschläge, unser Blutdruck hat zwei Werte. Ist die eine Herzhälfte aktiv, läßt die andere passiv Blut einströmen und umgekehrt. Jede Herzhälfte ist nochmals geteilt in Vorhof und Kammer. Die Teilung des Herzens ist vor der Geburt noch nicht komplett, der embryonale Kreislauf unterscheidet sich vom „erwachsenen" schon dadurch, daß die Atmung noch nicht eingesetzt hat und der seperate Lungenkreislauf noch nicht funktioniert, noch nicht funktionieren muß. Erst durch die Geburt wird aus der Einheit eine Zweiheit, beginnt das Leben in der Dualität. Eine Mutter trägt ihr Kind unter dem Herzen - anatomisch nicht möglich, es ist symbolisch zu verstehen. Herz und Bauch stehen für die Gefühle, Kopf und Verstand für die Ratio.

Das Herz ist unser Liebeszentrum, es ist unsere Mitte, unser Ausgleich zwischen oben und unten, zwischen Verstand und Gefühl.

Gehe ich zu weit wenn ich sage, daß ein Mensch, der die Herzensangelegenheiten zu wenig beachtet hat, durch Krankheit die Erfahrung machen muß, seinem Herzschlag zu gehorchen, ihn zu hören, ihn zu beachten?

Immer zeigt der Körper durch Krankheit ein emotional nicht gelebtes Problem oder Versäumnis und Fehlverhalten. Wer im Fluß des Lebens mitschwimmt, dem bricht das Herz nicht, weil es nicht hart wird, und er verliert es auch nicht, weil er es öffnet und sich durchströmen läßt von der Liebe.

Allgemein gelten ungesunde Ernährung (zu viel Cholesterin, Fett), mangelnde Bewegung, Rauchen usw. zu den Risiken der Herz-Kreislauf-Erkrankungen. Weit schlimmer wirken sich aber die seelischen

Gründe aus. Ein „Herzneurotiker" leidet unter den gleichen Symptomen wie ein tatsächlich körperlich Erkrankter, ohne die organischen Veränderungen zu haben.

**Es sind immer wieder die gleichen Vorgänge
des „sich schützen wollens",
die auf der seelischen Ebene nicht gelingen
und deshalb auf der körperlichen Ebene stattfinden.**

Ein Schutzpanzer im Brustbereich drückt sich z.B. sehr früh an den Reflexzonen der Füße aus, lange bevor organische Veränderungen spürbar auftreten.

Dieser vermeintliche Schutz, sich unverletzbar im Gefühlsbereich zu machen, schließt wirkliche herzliche Liebe aus. Der Panzer ist ein Gefängnis und nur von innen mit dem Schlüssel „öffne Dich der Herzensgüte, darin liegt keine Gefahr" zu knacken. Die Erstarrung der Gefühle bewirkt auch eine erstarrte Haltung und Einstellung und irgendwann verhärtete Gewebe und Gefäße. Der Fluß der Gefühle ist blockiert und staut sich im Brustbereich, was sichtbar wird an einem aufgeblähten Brustraum. Die Angst zeigt sich im „eingezogenen Hals", was man bei chronisch Herzkranken immer beobachten kann. Bei Herzinsuffizienz-Kranken ist auch die Lunge mit erkrankt - die gleiche Gefühlsebene !!

Der Mangel an menschlicher Nähe ist ein ganz wichtiger Entstehungsgrund bei Herzerkrankungen, aber nicht nur hier.

**Ich wage zu behaupten,
daß alle, wirklich alle Erkrankungen,
körperliche wie seelische,
letztendlich zurückzuführen sind auf
Angst und Liebesmangel,
ganz besonders auf Mangel an Eigenliebe.**

Warum ist der Herzinfarkt eine fast typisch männliche Manager - Erkrankung? Wenn wir uns den Alltag und die Persönlichkeit der besonders erfolgreichen „Macher" anschauen wird manches klar. Es muß knallhart verhandelt werden, keine Schwäche ist erlaubt, Ellbogen-Mentalität allerorten, wer nicht mit macht hat ausgespielt. Taktisches Vorgehen, die Schwäche des Anderen erkennen und geschickt ausspielen, eigene Vorteile klar machen und das sehr überzeugt, mitunter lügen, wenns nicht anders geht, intrigieren usw.

Die Freizeitaktivitäten sind dann genauso nach außen gerichtet und leistungsorientiert.. Durch Leistung glänzen und sich Anerkennung holen, tun was „man" erwartet, eigene Bedürfnisse unterdrücken, bis sie gar nicht mehr wahrgenommen werden, alle außer sich selbst wichtig nehmen, alles übertreiben, Rekordsucht, Geltungssucht, - eine unerfüllte Suche nach Liebe. Und dahinter verborgen der uneingestandene Wunsch, klein sein zu dürfen, umsorgt und behütet zu sein.

Macht Macht sicher? Eher einsam, denke ich. Also noch mehr Arbeit, um die Leere nicht zu spüren. Die einzige Rettung ist: schwach sein, die Liebe in dein Herz lassen, öffne dich und lerne, deine Gefühle zuzulassen und zu zeigen. Mit einer lächelnden Fassade ist es nicht getan.

Unsere Gesellschaft ist liebesfeindlich geworden, ist leistungs-, macht- und massenorientiert. Aber kein Mensch, kein Diktat zwingt uns, diesen Wahn mitzumachen. Jeder kann sich auf seine individuelle Art und Weise Gutes tun, keiner braucht gefühlsmäßig zu verhungern. In der Einfachheit des Lebens ist das Glück leichter zu finden als im materiellen Überfluß.

Ich schaue mir gerne Dokumentationen an über andere Völker und Länder. Und immer, wenn über Menschen und Volksstämme berichtet wird die unverdorben sind von unserer angeblich so fortschrittlichen Zivilisation, dann verspüre ich den Wunsch, dort bei ihnen zu sein. Nicht aus Weltflucht, sondern weil ich bei ihnen Liebe, Achtung und Ehrlichkeit spüre, die Einfachheit und Stärke der Liebe des Herzens. Alle sind füreinander da, aufeinander angewiesen, fest verankert im Gefüge einer großen Familie und Gemeinschaft.

Keine noch so lieblose Kindheit,
keine noch so lieblose Gesellschaft
kann es verhindern,
daß ich zu jedem Zeitpunkt meines Lebens
für mich die Entscheidungen treffe,
die für mich gelten und wichtig sind.
Ich habe genau die Freiheit,
die ich mir zugestehe.
Ich habe genau die Liebe im Herzen,
die ich zu- und herein lasse.
Ich bin genau so glücklich,
wie ich Glücksmomente
bewußt wahrnehme.

Immer ist es eine sehr individuelle Erlebenssache, ist es gefühls- und gedanken-geprägtes Empfinden. Nichts gilt und ist für alle gleich. Manche Menschen kommen mit Härte und Lieblosigkeit besser zurecht als andere. Jeder muß seine individuelle Lebensweise finden, bei der sich alles gut anfühlt im Bauch. Man sollte abends ins Bett gehen können und sich der glücklichen Zeiten, und wenn es nur Minuten waren, bewußt werden.

Es ist immer eine Betrachtensweise, immer !!
Es gibt so viel Schönheit, Liebe und Herzlichkeit,
allein das Herz hat sich bei vielen Menschen
für die Schönheit der Welt verschlossen.

Wann haben Sie sich zuletzt staunend vor eine wunderbare Blüte gestellt, das Rauschen der Blätter im Wind, das Plätschern eines Baches, den Gesang einer Lerche genossen, staunend das Farbenspiel eines prächtig rot gefärbten Himmels am Morgen oder Abend betrachtet, sich die einfachen Dinge des Lebens wie das Lachen der Kinder oder ein freundliches Wort zu Herzen gehen lassen ? Es sind die vielen kleinen Glücksmomente im Leben, die das Leben lebenswert und liebenswert machen.

Wie heißt es in dem Lied von ... (Brecht?) ?
„Im Wartesaal zum großen Glück - da sitzen viele Leute."
Und vor lauter Warten auf das große Glück vergessen sie das Heute und das kleine Glück, das jeden Moment stattfindet. (Ich kenne den Text des Liedes leider nicht mehr genau, es hat mich aber immer beeindruckt).

Bitte stehlen Sie sich nicht weiter aus Ihrer Verantwortung. Das Leben ist zu kostbar und zu schön, um es nicht aus ganzem, tiefem Herzen, zu genießen. Dazu ist es erforderlich, furchtlos, angstfrei, offen sich dem Fluß des Lebens hinzugeben, sich mit dem auf und ab der Wellen tragen zu lassen in der Gewißheit, getragen zu sein. Und auch wenn Sie kein religiöser Mensch sind, so glauben Sie an eine höhere Macht, an eine höhere Intelligenz, an Ihre eigene Stärke. Nichts geschieht willkürlich, selbst auf der atomaren Ebene herrscht Ordnung, geschieht alles nach bestimmten Regeln.

**Man sieht nur mit dem Herzen gut,
alles Wesentliche ist für die Augen verborgen.**

Denken Sie doch bitte mal darüber nach, wodurch kleine Kinder und auch Tiere in ihrer (vermeintlichen) Hilflosigkeit geschützt sind: es ist ihre Offenheit, ihre Angstlosigkeit, ihr Lächeln. Nichts wird in der Zeit vom Verstand zensiert, das Leben geschieht um des Lebens willen, nicht um einen bestimmten Zweck zu erfüllen. Kleinkinder sind einfach. Sie sind sich selbst genug. Und das ist es, was in der Bibel beschrieben wird mit dem Satz: So ihr nicht werdet wie die Kinder könnt ihr nicht ins Himmelreich kommen.

Wenn wir nicht um unseres Selbstes willen und aus unserem Selbst heraus, nicht aus dem heraus, was uns als Wesen auszeichnet, leben, können wir nicht glücklich und gesund und zufrieden leben, nicht unser ganz persönliches Himmelreich erleben. Himmel und Hölle spielen sich nicht in irgend einem Jenseits ab, sondern im täglichen Leben, und wir erschaffen sie uns selbst durch unser Denken und Handeln. Wir sind Schöpfer unseres Lebens.

Der Bewegungsapparat und seine Erkrankungen

Die Bezeichnung „Bewegungsapparat" finde ich sehr unpassend, von Automat und Apparat kann eigentlich nicht gesprochen werden, weil in Bewegung nur umgesetzt wird, was von der Steuerzentrale befohlen wird - unwillkürliche Bewegungen haben wir bei Erkrankungen wie Parkinson, also Nervale/Zentrale Steuerungs-Erkrankungen.

Ich möchte kurz auf ein anschauliches „Erklärungsmodell" eingehen, das unterscheiden hilft bei den Hintergründen der „Gewebserkrankungen".

die festen Gewebe unseres Körpers = die Körperenergie
die Knochen(auch Zähne)
versinnbildlichen die Statik, die Anlage, auch das Ererbte, im übertragenen Sinn unsere Standfestigkeit. Also unsere Basis, das Gerüst, an dem sich alles andere „festmacht", der stofflich dichteste Bereich unseres Körpers.
Versorgt wird dieser Bereich von unserem „stofflichen" Energiezentrum, dem Wurzelchakra, das im Dammbereich liegt und nach unten, zur Erde, öffnet. Es steht für Vitalität, Stabilität, Verwurzeltsein, Lebenskraft, Kreativität im Sinne von Schöpferkraft und Tun. Es geht um den Kern unseres Seins, um all das, womit wir unser Leben bei der Empfängnis begonnen haben sowie die ererbten und in dieses

Leben mitgebrachten Muster vergangener Leben.
Die Wirbelsäule ist das Zentrum dieses Gefüges, das Skelett die Ausdehnung der drei Prinzipien

Denken   -   Kopf
Handeln -   Schulter und Arme
Gehen   -   Becken und Beine

Das Skelett selbst ist undynamisch und kann sich alleine nicht bewegen.

die weichen Gewebe unseres Körpers = die Verstandesenergie
Muskeln, Sehnen, Bänder, Haut,
(auch Gefäße, Organe, Haare usw.)
bringen die Bewegung, die Dynamik. Das Weiche bringt das Harte in Bewegung. Das Weiche steht für unseren Charakter, alles Erlernte und Erfahrene, unsere innere Haltung und Gesinnung.

Unsere innere Haltung spiegelt sich in unserer äußeren Haltung =Erscheinung. Je steifer wir innerlich sind, um so steifer werden wir auch körperlich. Die Energie wird auch hier am Fließen gehindert, gebremst durch entsprechende Blockaden, verändern Form und Funktion.

Die flüssigen Gewebe unseres Körpers = die Gefühlsenergie
verleihen der Bewegung des weichen Gewebes eine Richtung. Blut und Lymphe erreichen jede Zelle des Körpers, bringen Energie und transportieren „Schlacken" ab, dann scheiden Niere und Darm die Flüssigkeit aus. Die Flüssigkeit symbolisiert unseren Gefühlsaspekt und macht ca. 50 - 70 % unseres Körpers aus. Alle Emotionen verändern sofort die Flüssigkeitsverteilung im Körper, was wir als Schweißausbrüche, Blutdruckveränderungen, plötzlichem Harndrang oder „Durchfall" kennen.

Wir brauchen alle Formen der Manifestation, alle drei Bereiche wirken aufeinander und miteinander, körperlich wie seelisch. Und weil alles von allem abhängt und nichts losgelöst vom anderen funktioniert können wir auch nicht trennen zwischen körperlichem und seelischem Geschehen, weder in der Entstehung noch im Krankheitsgeschehen.

Mit diesem Hintergrund verstehen wir die **Erkrankungen** des Bewegungsapparates besser.
Alle Erkrankungen des Knochens sind Ausdruck von Störungen unseres innersten Kerns, treffen uns sozusagen im Mark, in unserer Vitalität, Stabilität, unserer Mitte, zeigen den Bereich Handeln oder Gehen oder Denken. Insofern bekommt ein Beinbruch eine andere Bedeutung als eine Schulterarthrose, sind Verformungen wie bei der PCP etwas anderes als eine Knochenwucherung oder Abnützungs erscheinungen und Knochenerweichung.

Alle Weichteilerkrankungen wie Rheuma, Gicht, Muskelschwund, Multiple Sklerose usw. betreffen den Gefühlsaspekt, das Fort- und Vorwärts-bewegen, das gezielte Verwandeln von Statik in Dynamik. Stauungen im Energiefluß können sich in Form von Ablagerungen (Harnsäurekristalle) und Tumoren = Schwellungen, Verhärtungen, Wucherungen (Myogelosen, Lipome, Fibrome usw.) zeigen oder in vermindertem Tonus, abnehmender Substanz und Verkümmerung der Masse, was bis zur Bewegungsunfähigkeit geht.

Inzwischen können Sie schon ihre eigenen Schlüsse ziehen, oder ?

Wir finden im Bereich Skelett und Muskeln genauso wie überall im Körper akutes Geschehen wie Entzündungen, Brüche, Risse, Überdehnungen und chronisches Geschehen in Form von Um- und Abbauprozessen sowie Gewebsveränderungen. Verletzungen sind meist Folge von einseitiger Überbeanspruchung oder Unachtsamkeit und zeigen: paß besser auf, wie Du handelst/gehst, es könnte der falsche Weg sein, übernimm Dich nicht, aber übernimm die Verantwortung für das, was Du tust. Entzündungen symbolisieren auch hier einen stofflich gewordenen Konflikt, entweder in der Veranlagung oder im Gefühlsbereich.

Rheuma und Gicht spielen sich sowohl im Muskel als auch im Knochen ab. Beiden ist etwas zerstörerisches gemeinsam, bei beiden Erkrankungen ist „Sand im Getriebe", kommt es zu Ablagerungen, Deformierungen, Fehlfunktion, es sind schmerzhafte Prozesse. Veränderung tut mitunter weh, nicht verändern auch. Und „hart sein" zu sich selbst verhärtet auch Muskeln, Sehnen und Gelenke. Und ein halsstarrischer Mensch hat wohl auch irgendwann ein versteiftes Knochengerüst, denken Sie nicht auch? Und jemand, der ständig buckelt, gramgebeugt ist, oder sich den Umständen beugt, nicht sein Gesicht zeigt, nicht grade steht für das, was er tut, an allem im Leben zerbricht, durch Geschehnisse im Kern erschüttert ist, einfach nicht mehr weitergehen kann und will, wie gelähmt ist, starr vor Schreck wird, die Angst im Nacken sitzen hat usw. Unsere Umgangssprache bringt es auf den Punkt.

Alle Erkrankungen in diesem Bereich haben damit zu tun, wie wir durchs Leben gehen, wie wir mit den Geschehnissen unseres Lebens fertig werden oder nicht, wie wir Erlerntes und Ererbtes umsetzen in Bewegung und Aktivität, wie wir unser Tun bewältigen, wie wir in Einklang mit unserer Basis sind, wie aktiv, erdverbunden, schöpferisch und harmonisch wir mit unseren Mitbringseln haushalten oder nicht, ob wir fähig sind, unser Potential an Gaben zu nützen und ökonomisch damit umgehen.

Das Erebte können auch alte Glaubensmuster sein, Lebensgrundsätze, die unfrei machen und behindern. Davon gilt es auch sich zu verabschieden und sie zu ersetzen durch eine Lebenseinstellung, die Fortbewegen, Flexibilität, Toleranz und Anpassungsfähigkeit ermöglichen.

In der Orthopädietechnik finden wir die paradoxe Lösung: mit Einlagen und Korsett wird versucht zu stärken. Was ohnehin erstarrt ist, wird noch mehr in eine bestimmte Zwangslage gebracht, die Bewegung noch mehr eingeschränkt was die Probleme ja nicht löst.
Ein Stock ist mitunter eine Erleichterung um sich aufzustützen, zu entlasten, aber kein Ersatz dafür, auf sicheren Beinen zu gehen und seinen Standpunkt zu vertreten.

Durch Muskelverspannungen, Veränderungen der Wirbel in ihrer Stellung zueinander und somit energetischen Blockaden im Bereich der Wirbelsäule sind reflektorisch so gut wie alle Organe des Brust- und Bauchraumes mitbetroffen. Ist ein Zwischenwirbelbereich durch abgenützte Bandscheiben verschmälert, dann sind die Austrittslöcher der Nerven und Gefäße komprimiert. Die nervale Steuerung aller inneren Organe hängt von der Versorgung des Rückenmarks ab. Auch noch so geringe Beeinträchtigungen können sich auswirken. Die Blutversorgung kommt, genau wie die Nerven, vom großen Strang der Gefäße, die ebenfalls im Rückenmarkskanal verlaufen. Über die Wirbelsäule geht die ganze Energieverteilung des Körpers von oben nach unten und zurück. Wir sprechen auch von Menschen, die kein Rückgrad haben und meinen damit Menschen, die nicht stabil sind.

Krebs - bösartige (maligne) Erkrankungen

Diesen Erkrankungen könnte man ein eigenes Buch widmen, so umfassend ist das Geschehen, auf das in diesem Rahmen nur unvollständig eingegangen werden kann. Keine Erkrankung reißt den Menschen so aus der Ruhe, jagt ihm so viel Angst ein wie die Diagnose Krebs. Und über keine andere Krankheit gibt es annähernd so viel Literatur und Studien. Aber mit welchem Ergebnis ??

Ich habe vor Jahren in einer Krebsklinik gearbeitet und zuvor in verschiedenen chirurgischen Kliniken, überall hatte ich Menschen zu betreuen, die sich mit dieser Diagnose konfrontiert sahen und damit fertig werden mussten. Und kein anderer Kranker wird damit so sehr allein gelassen wie dieser, der seelischen Beistand ganz dringend braucht.

Wird durch irgend eine Form der Diagnose der Verdacht auf Malignität gestellt, dann hat alles ganz schnell zu gehen, Einweisung zur Operation, Bestrahlung oder Chemotherapie, andere Möglichkeiten (außer noch der Hormonbehandlung) kennt die Schulmedizin nichts. Zum Nachdenken bleibt keine Zeit, Panikmache ist da und riesengroße Angst. Und diese Angst verhindert ein offenes Gespräch auch zwischen Angehörigen, weil es eine lähmende Angst ist.

Üblicherweise flüchtet man sich in Floskeln, möchte gar nicht hinschauen, distanziert sich, als würde der Körper aus unerfindlichen Gründen plötzlich falsch arbeiten. Auch die berufsmäßigen Helfer werden zu hilflosen Helfern. Alles wird versachlicht. Über entartete Zellen zu reden ist leichter als über einen erkrankten Menschen.

Was spielt sich ab im Körper, wie kommt es zu einer solchen Tragödie?

Im Körper des Menschen finden laufend Zell -Teilungen und -Erneuerungen statt, ohne Pause, ein Leben lang. Nach ein paar Monaten bis Jahren sind alle Zellen „runderneuert" (da stellt sich doch die Frage: warum altern wir? Spielt sich altern nicht am meisten im Kopf ab?) Zurück zur Zellteilung: bei der Vielzahl von Teilungsvorgängen geht auch mal was daneben, es sind Zellen dabei, die nicht so vollkommen sind. Der Körper ist intelligent und fähig genug, damit fertig zu werden - sofern die Abwehrlage stark ist und rasches Handeln gewährleisten kann. Wie kommt es nun zu einer massenhaften Häufung solcher Defekte? Wie entsteht aus einzelnen Zellteilungsstörungen eine Krebskrankheit?

Die Vorgeschichte ist sehr lang, ein Leben lang. Dem Ausbruch vieler Krebserkrankungen gehen Ereignisse voraus, die einen Verlust bedeuten: Tod oder Trennung vom Lebenspartner, die Kinder gehen aus dem Haus, ein nahestehender Mensch scheidet aus dem Leben in welcher Form auch immer, Pensionierung, Arbeitslosigkeit, Verlust der Existenz, finanzielle Sorgen und menschliche Krisen, alle ungewohnten Situationen, die Angst machen, bei denen gewohnte Befriedigungen verloren gehen. Reaktionen der Hoffnungslosigkeit und der Resignation können krebsauslösende Wirkung haben.

Einer Krebserkrankung liegen seelische Probleme zugrunde, die von Verlust und Mangel geprägt und bereits in der Kindheit entstanden sind. Angst und Wut sind natürliche Reaktionen auf Schmerz und Gefahr. Wer sich im Leben meist bedroht, bedrängt, belastet und nicht geliebt fühlt, diese Gefühle aber nicht leben kann, bei dem richten sie sich nach innen, auf sich selbst, in Form von Rückzug = Resignation oder dauerndem Kampf, auch Kampf gegen sich selbst. Es ist Wut über das entgangene Leben, über Schmerz, die unbefriedigende Lebenssituation, Angst vor der Zukunft, der man sich nicht gewachsen fühlt. Weil die Gesellschaft und die ungeschriebenen Verhaltensnormen von uns Angepaßtsein verlangen und derartige Gefühle nicht in die Norm passen werden sie verdrängt, nicht gelebt und kommen dann „maskiert" zum Vorschein in Form von körperlicher oder seelischer/psychischer Krankheit. Die „Entmenschlichung" unserer Gesellschaft nimmt zu genauso wie die Erkrankungen an Krebs und ähnlichen Krankheiten, AIDS etwa.

Krebskranke Menschen sind in aller Regel sehr angepaßte, überangepaßte Menschen, die alles ganz besonders recht machen möchten, besonders lieb und gut sein möchten, ein übersteigertes Harmoniebedürfnis haben, ohne jemals ihren Liebeshunger gestillt zu bekommen. Ein früh erlerntes Programm des Lieb-Kind-seins, Gefühle nicht zeigen, nach außen perfekt zu sein, eine Maskerade zu veranstalten. Die Diskrepanz zwischen eigenem Ich und der Fassade ist enorm groß. Alle Krebspatienten, die ich kenne, waren sehr liebenswerte, für ihre Umwelt sehr engagierte Menschen - und haben sich selbst dabei vergessen.

Wir sind wieder beim Thema Eigenliebe.

Wer sich von seiner Umwelt schon früh nicht geliebt fühlte hat es sehr schwer, sich liebenswert zu finden und sucht nach Kompensierungsmöglichkeiten. Diese sind bei Krebspatienten vollkommen, so vollkommen, wie wenn ein Schauspieler nicht mehr unterscheiden kann zwischen seiner Rolle und sich als Person. Und deshalb ist es auch so schwierig, bei diesen Menschen, hinter dieser Erkrankung eine versteckte Depression, ein sich aufgeben zu sehen. Aber der Körper lügt nicht, und beim Krebsgeschehen zerstört sich der Körper selbst.

**Die Harmonie ist ganz massiv gestört,
eben nicht nur auf der körperlichen,
sondern zuallererst
auf der seelisch- geistigen Ebene.**

Alle emotionalen Schocks sind auch körperliche, alles seelisch schwächende wirkt sich auf das Immunsystem schwächend aus. Kommen nun noch andere Faktoren dazu, die vorher schon schwächend gewirkt haben, von der Ernährung über geopathische Belastung insbesondere des Schlafplatzes, Medikamenteneinnahme, besonders Cortison und Anti-Mittel, Streß, Antriebsmangel, Liebesmangel, fehlende Kraft zur Problemlösung, dann ist der Schritt zur endgültigen Kapitulation nicht mehr weit. Alles, was grundsätzlich zur Krankheitsentstehung schon gesagt wurde gilt hier auch. Nur ist der Schritt zur Zerstörung, zu einem körperlichen Selbstmord sonst nicht vorhanden, nicht systematisch.

Die schulmedizinischen Angebote der Therapie zerstören den verbliebenen Rest Abwehrkräfte noch. Meine Erfahrungen lehren mich eines ganz sicher: wer diese mörderische Prozedur einer Chemotherapie übersteht, der braucht einen starken Überlebenswillen und gute Nerven. Und mein Fazit daraus: wer die Kraft hat, diese Therapie zu überleben, der hätte seine Erkrankung auch ohne diese Giftbombardierung geregelt bekommen. Ich habe noch keinen Arzt kennen gelernt, der sich in seinem Erkrankungsfall eine entsprechende Chemotherapie machen lassen würde.

Das nächste sind die verstümmelnden Operationen, Brust weg, Prostata weg (und Potenz weg), dann noch eine Hormonbehandlung hinterher, die dem eigenen Geschlecht entgegenwirkt, Kieferresektion, Magen raus usw. Es ist ein Elend. Damit leben müssen die Operateure ja nicht und sie „verkaufen" ihr Werk als Erfolg. Verzeihen Sie mir meinen harten Ton, ich weiß warum es mich so sehr trifft und berührt. Weniger wäre manchmal mehr, vor allem mehr Lebensqualität. Wenn die Betroffenen wüßten, was auf sie zukommt und wie einschneidend diese Eingriffe sind, ich bin davon überzeugt, daß sie eine andere Wahl treffen würden und dieses Leiden nicht auf sich nehmen würden. Gleichzeitig weiß ich auch, daß jeder Mensch sein Leben selbst wählt und gestaltet. Nur ist auch eines sicher: ein Krebskranker bekommt keine Wahlmöglichkeit, kann sich nicht entscheiden - aus Unwissenheit, Mangel an Zeit und fehlender Fachkompetenz - wenn er nicht schon selbst Angst hat, dann wird sie ihm eingejagt, und wer will sich schon sagen lassen, daß er, wenn er die angebotene Hilfe ablehnt, in den sicheren Tod marschiert? Eltern, die ihr Kind alternativ behandeln lassen, werden von der Polizei gejagt und zur schulmedizinischen Behandlung gezwungen... Mit freiem Willen ist da nicht viel.

Und die "Heilung" ist laut Statistik eine 5 - oder 10 – Jahres- Überlebensrate in %, in welchem Zustand sich die Erkrankten befinden wird nicht näher erläutert.

Kennen Sie eine andere Erkrankung, außer Aids noch, bei der Ihnen ein Arzt den Tod prophezeit, auf den Monat? „Gehen Sie nach Hause, machen Sie sich noch ein paar schöne Tage, ich gebe Ihnen höchstens noch ein halbes Jahr"... Das sagt er so deutlich meist nur den Angehörigen. Aber daß er nichts mehr für Sie tun kann, weil, leider, die Erkrankung zu weit fortgeschritten ist, das sagt er schon.

Es ist bei allen Krankheiten, für die schulmedizinischerseits keine Heilung anzubieten ist, immer das gleiche: „damit müssen Sie leben, diese Krankheit ist unheilbar". Es fängt bei der Neurodermitis an, ist bei Multiple Sklerose, Colitis ulcerosa und vielen anderen genauso. Jede Hoffnung wird im Keim erstickt, alternative Medizin gerne als Scharlatanerie hingestellt.

Dabei gibt es für jeden Erkrankten zu jedem Zeitpunkt Heilung und Hilfe, wenn er bereit ist, diese anzunehmen, wenn er bereit ist, sein Leben auf den Kopf zu stellen und für sich einen Weg findet, der ihn aus der Destruktivität führt hin zu schöpferischem, positivem Denken und Handeln, wenn er einen Lebenssinn findet und glücklich sein kann.

Immer ist es die Seele, die leidet und Unterstützung braucht, bedeutet Hilfe das Lösen emotionaler Blockaden, Hilfe zur Selbsthilfe, stimulierende Reize für das Immunsystem, Stärkung der Selbstregulationsmechanismen des Körpers.

Manche Menschen, die so sorglos in ihr Leben hineinleben, die Warnhinweise des Körpers übersehen/überhören nach dem Motto: das hat nichts zu bedeuten, das will ich nicht sehen, nicht wahr haben, daran will ich nichts ändern - sie brauchen diesen Schock, um überhaupt erst einmal aufgeweckt zu werden, daß sie selbst die Verantwortung für ihr Leben und für ihren Gesundheitszustand haben. Und vielen gelingt es in dieser Krise, Ursachen zu erkennen und ihr Leben neu zu gestalten, es als Geschenk und wunderbare Chance zu begreifen, sich von krankmachenden Mustern zu befreien und ihr Leben „in die Hand nehmen", was sie vorher nicht getan haben. Sie haben sich „leben lassen".

Ernährungsumstellung, Misteltherapie, Hyperthermie, Thymustherapie, alle Energiearbeit, Psychotherapie, Meditation, Visualisierung, Tanztherapie und andere Körperarbeit, alles ist wichtig, richtig und gut was hilft, Selbsterkenntnis umzusetzen und den Fahrplan „Leben" umzuschreiben auf „Happy End".

Nicht jeder entwickelt diese schöpferische Kraft. Viele geben sich auch auf, akzeptieren ihr Ende, ihr Leiden, (klaglos oft und schicksalsergeben) haben für sich beschlossen, nicht weiter hier zu bleiben. Auch das müssen wir akzeptieren, denn jeder kann nur für sich ganz alleine bestimmen, wie er leben möchte, ob er eine Gelegenheiten zu wachsen nützen will oder nicht. Es gibt wieder eine neue Chance zu wachsen und zu lernen, wenn nicht in diesem, dann in einem anderen Leben. Gut und schlecht sind subjektive Beurteilungen.

Krebs fällt nicht urplötzlich über einen Menschen herein, wenn es auch so scheint. Wie bei jeder anderen Krankheit gibt es ein Ursachenbündel, wie immer hat es mit Angst und Liebesmangel zu tun, bei keiner anderen Krankheit steckt ein körperlicher Selbstmord dahinter, ist die Selbstaufgabe so existenziell, ist die Hilflosigkeit so groß wie bei Krebs.

Glücklich, gesund, ganz heil

wie erreichen wir dieses Ziel?

Theoretisch wissen wir jetzt schon einiges, aber damit ist noch nichts getan. Erst das Leben zeigt uns, wie gut wir dieses Wissen auch umsetzen können. Wir gehen den Weg der kleinen Schritte, sonst erreichen wir das Ziel nicht. Wir fangen mit dem kleinen Einmaleins an und wenn wir das beherrschen lernen wir weiter. Nichts drängt uns zur Eile, nichts soll erzwungen werden. Wir brauchen Gelassenheit und Geduld, mit uns selbst und mit unserer Umwelt. Aus allem bisher gesagten ist eines deutlich geworden:

**Jeder ist seines Glückes
oder Unglückes Schmied
und jeder für sich
trägt die Verantwortung
für sein Leben.**

Wir sagten schon, daß wir Teil eines großen Schöpfungsplanes sind und eine kleine (oder große?) aber wichtige Rolle darin spielen. Über Sinn oder Unsinn, über Gerechtigkeit und Ungerechtigkeit auf dieser Welt können Sie sich zwar den Kopf zerbrechen, aber das darf Sie nicht dazu bringen, Ihr eigenes Leben zu vernachlässigen.
Unser Blickwinkel ist zu eng, um alles zu verstehen. Es gibt das sogenannte Gute und Böse auf der Welt und in den Herzen der Menschen. Es gibt arm und reich genauso wie es Ebbe und Flut gibt. Und wir sind schnell dabei, andere zu verurteilen und zu beurteilen, wollen aber selbst in Ruhe gelassen werden. Fangen wir damit an was für uns am nächsten ist und machen das Beste daraus. Wir sind alle kleine Lichter, und wenn auf der ganzen Welt jeder ein Licht ist und leuchtet, dann hat Dunkelheit keine Chance mehr. Zuerst kaum merklich, aber es wird immer heller. Der Sonnenaufgang morgens geschieht auch allmählich.

**Als erstes sollten wir lernen,
wachsam zu sein, bewußt zu leben,
Herr unserer Gedanken, Worte und Taten zu sein.
Es geschieht so vieles
sehr unbedacht, unachtsam
und wirkt zerstörerisch,
im Kleinen und im Großen.**

Üben Sie sich im Verzeihen.

Sich selbst und Ihren Mitmenschen. Über uns richtet auch niemand, da sitzt kein strafender Gott der uns quält, da ist nur Liebe. Das schlechte Gewissen machen wir uns selbst, wir richten uns auch selbst durch unser Urteilen und Verurteilen. Keiner ist besser oder schlechter als sein Mitmensch, Kein Geld der Welt schafft wirkliche Privilegien, keine Religion ist besser als die andere, keine Hautfarbe trennt die Herzen der Menschen, nur im Kopf finden diese Trennungen statt.

Üben Sie sich in Toleranz und Güte.

Nur wer sich nicht verschließt kann empfangen, nur wer sein Herz öffnet kann Liebe aufnehmen und wird reich beschenkt, kostenlos.

Üben Sie sich im Vertrauen auf Ihre Führung.

Das ist nicht immer leicht, unser EGO ist sehr stark und aufgeblasen. Und wir sind alle von uns selbst sehr überzeugt und wollen die Kontrolle behalten. Die Angst schleicht sich ein, wenn wir „nur so in den Tag hinein leben".

So ist es auch nicht gemeint. Wir sind unser Steuermann und müssen die Ruder in der Hand halten. Aber wir müssen nicht krampfhaft festhalten und stur gradeaus rudern, die Richtung muß stimmen. Und wenn wir unserer Führung nicht zuhören dann blicken wir irgendwann nicht mehr durch, weil uns der Überblick fehlt. Mancher Stolperstein ist notwendig, um daraus eine Treppe zu bauen, und erst dann erfüllt er seinen Zweck. Aber das wissen wir nicht im voraus und auch noch nicht, wenn wir gerade am Stolpern sind. Wir nehmen nur den Schmerz wahr, wenn wir uns anschlagen.

Was Du nicht willst das man Dir tu das füg auch keinem andern zu.

Richten Sie Ihr Handeln nach diesem Grundsatz, tun Sie sich und anderen Gutes. Und wenn um sie herum alle alles angeblich besser wissen, bleiben Sie sich treu. Denken Sie nicht, Sie seien der Einzige weit und breit, der sich widersetzt. Es sind viele und werden immer mehr. Die Menschen suchen einen Sinn in ihrem Leben, alle.

Manche schlafen noch, andere sind erst grade aufgewacht und einige wachen schon länger. Lassen Sie sich nicht beirren und gehen Sie Ihren Weg unbeirrt weiter. Machen Sie sich unabhängig von allem, was Sie unfrei macht. Und lassen Sie die Liebe zu sich selbst und die Liebe zur Schöpfung Ihr Leuchtfeuer sein. Nur was aus wirklicher Liebe geschieht hat Bestand. Haß ist nicht das Gegenteil von Liebe, sondern eine verirrte Liebe. Wer Angst hat vor der Liebe verkehrt sie in Haß und erschafft sich großes Leid.

Nutzen Sie Ihre schöpferische Kraft.

Alles hat zwei Seiten - Sie entscheiden sich, welche Seite der Medaille Sie sehen wollen. Wenn Sie die Kraft Ihrer Gedanken einsetzen, dann verändern Sie wirklich Ihre Welt. Denken Sie positiv, vertreiben Sie die Zweifel, bremsen Sie sich nicht durch den Zensor Verstand. Ihre Seele w e i ß alles - zapfen Sie dieses Wissen an, wer hindert Sie daran? Denken Sie sich in Freiheit, Gesundheit, Licht und Liebe hinein bis Sie es auch FÜHLEN. Es muß Sie ganz ausfüllen dieses Fühlen. Denken Sie an das Licht in Ihren Zellen. Es dauert schon eine gewisse Zeit, bis jede Zelle in Ihnen getankt hat, hören Sie nicht zu früh auf damit. Mit der Zeit wird ihr innerer Blick immer besser und genauer und Sie sehen wirklich, wie sich Ihre Lichtgedanken im Körper manifestieren.

Gestatten Sie sich Humor.

Freuen Sie sich Ihres Lebens und lachen Sie auch über sich, wir machen uns vieles zu schwer. Die Leichtigkeit des Seins, auch mal über den Dingen stehen, lachen statt zu toben, wirkliche Größe erreichen indem wir aus unserer Kleinkariertheit herausfinden - das macht uns dieses Leben reicher und schöner.

Schützen Sie sich, werden Sie unangreifbar.

Niemand und nichts kann ihnen wirklich schaden, vergessen Sie das nie. Auch wenn um sie herum alles in Trümmer fällt bleiben Sie ein unverwundbares Seelenwesen, behalten ihre Großartigkeit. Allein unser menschliches Denken behindert uns und verschleiert den Blick. Wenn wir die vermeintlichen Angriffe so verstehen wie sie gemeint sind, als Hilfe zu Selbsterkenntnis und für unser Wachstum, dann können wir anders damit umgehen, brauchen uns darüber nicht ärgern, wundern oder wütend werden. Wir spiegeln etwas und bekommen den Spiegel vorgehalten. Schauen wir genau hin, was wir sehen sollen und erlösen wir das. Nur so werden wir frei von irdischer Last. Stellen Sie sich vor, Sie stehen in einer schützenden Glaskugel, die alle negativen Schwingungen abprallen läßt und nur positive Schwingungen in Sie hinein läßt. Es funktioniert. Und wenn Sie Angst haben vor einer Situation oder unsicher sind, erfüllen Sie die Situation mit Licht und Liebe - das verändert sofort alles im positiven Sinne. Zweifeln Sie nicht, bleiben Sie fest und unbeirrbar im Glauben an Ihre Führung und Ihre Kraft.

Leben Sie im Augenblick, in der Gegenwart.

Gestern ist vorbei, daran läßt sich nichts ändern. Sie haben alles so gemacht, wie es für Sie richtig war. Sehen Sie nichts rückblickend als Fehler. Hätten Sie alles besser gewußt hätten Sie anders gehandelt. Heute können Sie es erneut versuchen und besser machen. Morgen wissen Sie wieder mehr. Es hat keinen Sinn, in der Vergangenheit zu kramen. Deshalb bin ich auch heute nicht mehr so überzeugt von allem, was ich während meiner Psychologieausbildung gelernt habe und halte jeden Blick in die Vergangenheit für nicht wirklich notwendig. Wir haben uns als Seelenwesen dieses Leben und alle Geschehnisse genau so gewünscht, weil wir genau so unsere Erfahrungen machen wollten. Und wenn Sie an diesem Plan jetzt etwas ändern wollen, dann können Sie dies tun DANK IHRES FREIEN WILLENS. Der Sinn von Krankheit verliert sich, wenn Sie gelernt haben, warum es dazu gekommen ist, und dann können Sie Ihre Krankheit loslassen durch Ihre klare Absicht und ihren Willen.

**Alles kann zu jedem Zeitpunkt verwandelt werden,
weil nichts außer unserer Lebensessenz
für alle Ewigkeit festgelegt ist.**

So einfach ist das - und wie schwer machen wir uns alles. Ändere Dein Denken und Du veränderst die Welt. Erkenne Dich und laß alles Belastende los. Lebe aus der Liebe und Du wirst heil. Vertrau auf Deine Führung und Du bist nie mehr allein.

Wenn Sie zu diesem Zeitpunkt erkrankt sind
denken Sie jetzt vielleicht: die hat gut reden, schön und gut, klingt ja alles ganz schlüssig, aber ich will diese Krankheit ganz schnell loswerden, will sie einfach nicht haben.

Bevor Sie etwas loswerden können müssen Sie es annehmen.

Ihre Erkrankung ist nichts abstraktes, sondern etwas, das in Ihrem Körper durch Sie entstanden ist. Durch all die Gründe, die wir schon besprochen haben. Möglich sind auch Fremdeinflüsse anderer Wesen. Auf der gedanklichen, unsichtbaren Ebene ist nichts unmöglich, auch Verwünschungen und Flüche können Ihnen schaden, wenn in Ihnen eine Resonanz vorhanden ist. Klären Sie alle unerledigten Konflikte, nehmen Sie gedanklich noch einmal Abschied von jeder menschlichen Beziehung, die für Sie einmal im Streit und Groll geendet hat.

Verwandeln Sie diese negativen Gefühle in Liebesgefühle. Groll und Ärger vermindert ihre eigene Lebenskraft, weil jede Emotion entsprechend wirkt. Gutes bewirkt Gutes, Liebe bewirkt Liebe, Haß erzeugt Haß und Groll „zerfrißt" sie. Bitte, tun Sie sich selbst den Liebesdienst und handeln Sie so, wie es Jesus gelehrt hat: Liebe Deine Feinde, verzeih' denen, die Dich beleidigt und gedemütigt haben, liebe Deinen Nächsten wie Dich selbst. Wenn Ihr „Herz" blockiert ist, Sie an allen Fronten kämpfen und Abwehrmechanismen errichten, dann kann auch nichts Gutes, keine Liebe, keine Gesundheit, kein tiefes Wohlgefühl in Ihnen wachsen.

Denken Sie bitte daran, daß nichts ohne Sinn existiert. Daß Sie gedanklich alle Blockaden, alle Verletzungen auflösen können, nicht durch bloßes Sagen, sondern durch entsprechende Transformation, durch fühlen, loslassen, aufgeben. Heulen Sie sich aus, geben Sie die Beherrschung auf, kapitulieren Sie vor Ihrer Angst und verwandeln sie diese in Hoffnung und Sicherheit.

Ihr kranker Körper zeigt Ihnen etwas.
Schauen Sie hin, was er Ihnen erzählt.
Lieben Sie ihn und sich,
so wie Sie jetzt in diesem Moment sind
Auch so - krank, verzweifelt,
vielleicht behindert und entstellt -
sind Sie ein
liebenswertes und
strahlendes Wesen.

Je schneller Sie das können um so größer wird die Chance, daß dieser Spiegel Krankheit sich erübrigt. Aber nur dann. Eigenliebe ohne Einschränkung ist die Voraussetzung zum wirklich heil werden.

Wenn das nur so einfach wär' - denken Sie jetzt vielleicht, dann hätten Sie das längst getan, stimmt's ? Es ist relativ einfach, Sie wußten es nur nicht. Also, geben Sie sich einen Ruck und lassen Sie sich helfen dabei.

Es gibt viele Möglichkeiten. Einige Möglichkeiten der Hilfe biete ich Ihnen jetzt an, ohne Anspruch auf Vollständigkeit:

Bachblüten

sind homöopathische Mittel, sehr fein aber hochwirksam. Dr. Bach war ein homöopathischer Arzt und sehr spirituell und religiös, hat intuitiv viel von dem erfahren was er uns weiter gegeben hat. Bachblüten erleichtern das Aufarbeiten aller Konflikte und Störungen. Sie sind, so empfinde ich sie, wie ein Generalschlüssel, immer einsatzbereit, immer wirksam, immer hilfreich. Vorausgesetzt, Sie nehmen diese Hilfe an. Ich habe leider auch schon erlebt, daß eine „psychische Umkehrung" stärker als die beste Heilenergie wirkt. Dann wirken sehr tiefliegende, weit zurückreichenden Emotionen, die zuerst gelöst werden müssen, weil sie jeden Heilungsprozess verhindern. Oder es fehlt grundsätzlich der Heilungswille. Krankheit ist auch ein Weg, kein schlechterer, sondern eben e i n Weg.
Und noch etwas sehr wichtiges: Bachblüten sollten, wie alle andere Arznei auch, sauber ausgetestet werden, sie sind hochwirksame Mittel und nur dann wirklich hochwirksam, wenn jeder genau die Blüte(n) bekommt, die er wirklich braucht und nicht die, von der der Therapeut überzeugt ist, daß der Patient sie braucht. Die Kinesiologie eignet sich hier sehr gut zum testen, auch Pendel, Biotensor und andere energetische Tests.

Homöopathische Mittel

insgesamt haben sowohl eine körperliche wie auch seelische Wirkung. Sie sind immer gut. Auch hier gilt dasselbe wie für die Bachblüten: sauber austesten, nicht auf Verdacht geben, insbesondere keine Hochpotenzen, sonst richten Sie unter Umständen Unheil statt Heil an.

Energetische Behandlungen

sind von altersher bekannt. Jesus legte ihnen die Hände auf und heilte sie. Auch wir legen die Hände auf zum Heilen und nutzen die gleiche universelle, göttliche Energie, die uns immer zur Verfügung steht, Ihnen wie mir. Kein Heiler heilt mit eigener Kraft. Was sich unterscheidet sind die Techniken und die Bezeichungen der verschiedenen Therapien. Dazu gehören Reflexzonen-, Chakra-, Energiekörper-, Aura-Behandlungen in jeder Form und mit unterschiedlichen Namen aus unterschiedlichen Kulturkreisen. Je besser sich der Behandler an die göttliche Quelle anschließen kann um so besser für Sie, um so wirksamer ist die Behandlung.

Methoden zum körpereigenen Energieausgleich

sind eigentlich nicht zu trennen von den Energetischen Behandlungen, es findet letztendlich das gleiche statt, nur sind sie eben körperbezogener. Dazu gehören Akupunktur, Bioresonanzverfahren, Akupressur, Bioenergetik, Shiatsu, Osteopathie, Craniosacraltherapie und noch einige mehr. Alle Schwingungen und Energieflüsse im Körper werden verbessert und harmonisiert, damit hat der Körper dann einen starken Impuls zur Selbstregulation.

Meditation, Yoga, Entspannungsübungen, Tai Chi

bringen Sie innerlich zur Ruhe und ermöglichen Ihnen den Weg zu innerem Frieden. In der Ruhe liegt die Kraft. Je mehr Sie diese innere Ruhe realisieren, umso gelassener, gesünder und heiler werden Sie.

Die Heilwirkung von Edelsteinen, Farben und Düften

möchte ich nicht vergessen zu erwähnen. Auch die hl. Hildegard von Bingen hat uns hinterlassen, wie wir diese Heilwirkung einsetzen können. Auch Ernährungstherapie und Psychotherapie war für sie wichtig. Lesen Sie doch mal in der Hildegard-Medizin nach, das ist sehr aufschlußreich.

Für jede Krankheit ist ein Kraut gewachsen

Um Ihren Körper zu unterstützen sollten Sie sich entsprechend einen naturheilkundlich tätigen Therapeuten suchen. Es gibt sehr viele, sehr gute Mittel, zum Teil auch Mischungen zwischen pflanzlichen und homöopathischen Zubereitungen. Ich bin kein klassischer Homöopath. Für mich gibt es kein entweder - oder, alles was gut ist und heilt und was ich austeste für den jeweiligen Menschen, das bekommt er. Mir widerstrebt es, den Menschen auf ein Mittel oder eine Bachblüte zu reduzieren. Wir sind ein vielschichtiges und multidimensionales Wesen. Es kann sein, daß jemand mit kleinen Schritten weiterkommen möchte, ein anderer will ganz schnell und ganz viel auf einmal lösen, jeder bestimmt das Lauftempo für sich - Sie erinnern sich.

Entgiften Sie Ihren Körper
Entlasten Sie Ihren Darm
Unterstützen Sie das Immunsystem

durch geeignete Mittel und Maßnahmen. Sie werden den für Sie geeigneten Weg finden, wenn Sie ihn suchen und gehen möchten. Informieren Sie sich, rufen Sie ruhig bei Heilpraktikern und Ärzten an und erkundigen Sie sich nach deren Behandlungsmethoden. Und dann entscheiden Sie sich nach Ihrem Gefühl. Es gibt sehr körperlich und mehr energetisch arbeitende Therapeuten und Sie als derjenige, der Hilfe sucht, müssen sich entscheiden, ob Sie sich schröpfen oder spritzen lassen wollen oder mehr auf der energetischen Ebene bleiben.

Ihr Schlafplatz muß frei sein von geopathischen Belastungen

Geopathische Belastungen sind alle Wasseradern, Gitternetzstrukturen, Verwerfungen sowie deren Kreuzungspunkte usw., die sich bei entsprechender Konstellation schwächend auswirken können. Schlafen Sie ständig auf einer Belastungszone, dann verlieren Sie immer mehr Kraft anstatt nachts zu regenerieren. Steter Tropfen höhlt auch hier den Stein. Bei Krebspatienten wurden Studien gemacht und jeder Erkrankte hatte einen entsprechend gestörten Schlaf-platz.

Meiden Sie Elektrosmog

Im Schlafzimmer, zumindest im Abstand von 3 m um ihr Bett herum, haben Elektrogeräte nichts zu suchen. Auch kein Radiowecker, keine elektrische Heizdecke, kein Fernseher. Sie sind der Strahlung ausge-setzt. Es ist sinnvoll, eine Netzfreischaltung für den Schlafbereich ein-bauen zu lassen.

Verzichten Sie auf die Mikrowelle

damit geht vieles zwar schneller, aber Ihre Nahrung verliert an Wert, wird denaturiert, zerstört.

Achten Sie auf gesunde, ausgewogene, natürliche und bewußte Ernährung

und nehmen Sie diese auch bewußt zu sich, nicht zwischen Telefon und Schreibtisch oder während Sie sonstwie beschäftigt sind. Kauen Sie alles gründlich, bis es gut eingespeichelt ist. Der Kauvorgang selbst ist die Einleitung zur Verdauung. Das heute übliche „vorverdaute" und „babyhafte" Essen, das nur noch geschluckt zu werden braucht, ist keine Ernährung für Erwachsene. Ich denke an Datschibrot und Fisch-stäbchen genauso wie an Diätdrinks, die kleine Milchmahlzeit und die —Burger. Ab und zu, wenn es Ihnen wirklich schmeckt, können Sie ja mal etwas davon zu sich nehmen, betrachten Sie es bitte nicht als vollwertige Ernährung, das ist es einfach nicht. Ich gebe Ihnen keine Diätratschläge und bevorzuge weder Trennkost noch Bircher-Benner noch eine andere Richtung. Wichtig scheint mir zu sein: So bewußt wie möglich alles zu sich zu nehmen, in möglichst reiner Form, mög-lichst wenig verändert und ohne Chemie. Damit meine ich die ganzen Emulgatoren, Stabilisatoren, Geschmacksverstärker. Viele Unverträglichkeiten und Allergien kommen auch aus diesem Bereich. Unsere Ernährung ist viel zu "sauer", womit das Säuren-Basen-Verhältnis im ganzen Körper verschoben wird. Wir brauchen viel mehr Basenbildner, das sind im wesentlichen Gemüse, Obst, Salat, Sojaprodukte. Die stärksten Säurebildner sind Fleisch (insbes. Schwein), Reis, Süßes, Alkohol, Kaffee.

Wenn Sie Darmprobleme haben vertragen Sie keine Rohkost und keine ganzen Körner. Dadurch entsteht im Darm das, was in einem Silo passiert. Es gärt und bläht sie auf. Im Zusammenhang mit den Darmerkrankungen bin ich schon darauf eingegangen.

Essen Sie alles, was Ihnen schmeckt und gut tut, aber bewußt. Und überlegen Sie bei allem, ob Sie den Herstellungsweg nachvollziehen können. Ein Gekochter Schinken ist ein Stück Fleisch, das gekocht wurde. Bei der Wurst wissen Sie schon nicht mehr, was da so drin ist. Butter ist geschlagene Sahne, Margarine weiß ich nicht. Reine Öle sind besser als Mischöle. Selber kochen und backen ist besser als Fertigmenüs. Verzichten Sie auf gentechnisch veränderte und industriell vorgefertigte Produkte, wenn möglich, kaufen Sie Ihr Gemüse und Ihr Fleisch beim Erzeuger statt aus der Dose oder der Kühltheke. Kochen Sie sich selbst, und wenn die Mahlzeit noch so einfach ist. Lassen Sie Ihrer Kreativität freien Lauf. Wo ein Wille ist ist auch ein Weg. Selbst als Berufstätiger müssen Sie auf eine ausgewogene, gesunde Ernährung nicht verzichten. Sie können vorkochen oder tagsüber Salate oder Rohkost zu sich nehmen und abends kochen. Bitte nicht nach 18 Uhr die Hauptmahlzeit und abends keine Rohkost! Das wird sonst nicht mehr verdaut, weil der Darm „Verdauungspause" hat. Ein gutes Frühstück läßt Sie nicht dick werden, ein üppiges Abendessen schon. (Kennen Sie den Spruch: frühstücke wie ein Edelmann, esse mittags wie ein Graf und abends wie ein Bettelmann - wie wahr, und unsere „Altvorderen" haben wie so oft intuitiv genau das Richtige erkannt).

Segnen Sie Ihr Essen. Schlingen Sie es nicht so hinein. Bei den Indianern wurde Mutter Erde gedankt, bei uns Gott. Früher waren Tischgebete noch allgemein üblich, und ein Laib Brot wurde gesegnet, bevor er angeschnitten wurde.

Auch in unserem heutigen Überfluß sollten wir daran denken, daß nichts selbstverständlich auf den Tisch und den Teller kommt. Wir können genauso wieder eine Krisenzeit erleben wie schon gehabt. Gerade war die Hurrikan-Katastrophe in Mittelamerika, so schnell bricht die Versorgung zusammen. Auch in unserem reichen Land könnten Katastrophen passieren, Erdbeben genauso wie Atomunglücke und Überschwemmungen.

Bei uns ist alles sehr miteinander verzahnt, fast niemand könnte sich im Ernstfall versorgen mit Lebensmitteln, Wasser usw. Was funktioniert bei einem Stromausfall noch in Ihrem Haushalt? Gehen Sie das in Gedanken einmal durch, ob Sie eine Dose noch von Hand aufmachen können oder nicht. Ich habe mir das wirklich mal genau überlegt als bei uns wegen Bauarbeiten einen Tag lang der Strom abgestellt war. Ohne Strom geht fast nichts mehr! Was so bequem ist könnte sehr schnell zum Verhängnis werden. Wir haben Gefriertruhe anstelle von Keller und Eingewecktem, um die Ecke den Supermarkt und keinen Gemüsegarten.

Ich halte es für sehr ratsam, sich nicht allzu abhängig zu machen von Elektrizität, Supermärkten und dem internationalen Warenaustausch. Wenn bei uns kein Bauer mehr um die Ecke produziert und verkauft und wir von Amerika Getreide und von sonst woher die anderen Lebensmittel bekommen, dann sind wir sehr abhängig. Eine vernünftige Selbstversorgung wäre im Notfall sicher lebenserhaltend, genauso wie die Lagerhaltung einiger Grundnahrungsmittel.

Ich möchte jetzt keine Panikmache betreiben sondern Bewußtsein schärfen. Die Entwicklung in unserer Gesellschaft gefällt mir nicht. Vom Dosenöffner bis zur Zahnbürste ist alles elektrisch, unser Leben entfremdet sich von seinem Ursprung immer mehr. Zurück zur Natur ist für viele heute ein Abenteuer, für das viel Geld in Workshops und Urlaub investiert wird. Und in Seminaren müssen wir lernen, was nur verschüttet war und immer dagewesen ist, nämlich unsere Intuition, das innere Wissen, die Aufmerksamkeit für die natürlichsten Dinge des Lebens.

Es ist Zeit,

endlich aufzuwachen, endlich zu begreifen,was uns als Wesen lebendig macht und am Leben erhält und uns das Überleben sichert.

Wir sind geistige Wesen und bewohnen einen Körper.
Und weil wir nur diesen einen Körper haben,
sollten wir pfleglich mit ihm umgehen.

Während ich das bisher Geschriebene noch einmal aufmerksam durchlas, Rechtschreibfehler korrigierte, alles in Form brachte und gliederte, beschlich mich irgendwie das Gefühl: das ist noch nicht alles.

Etwa zwei Wochen später überfiel mich diese Unruhe, die ich schon kannte von sehr persönlichen Lebensratschlägen, die mir in den vergangenen Monaten übermittelt wurden. Ich fragte, was das zu bedeuten hat.

Ashtar, der mit mir dieses Buch geschrieben hat, meldete sich und bat um eine Ergänzung. Die Energie, die Ankündigung, noch eine Ergänzung zu schreiben, unterschied sich deutlich vom Entstehen dieses Buches, es war die Art, die ich von den Durchgaben kannte, die ich in den Monaten zuvor erhielt und die sehr persönlich waren, ausdrücklich für mich bestimmt und sozusagen zum üben. Dies ist der erste ganz nachdrückliche Auftrag, es zu veröffentlichen.

Zweifel beschlichen mich, Zweifel auch an meiner Kompetenz - ich bin im Schreiben bisher „nicht in Erscheinung getreten" außer zu privaten Zwecken, in meinem Tagebuch etwa oder beim Texten von Liedversen und Gedichten. Aber so langsam habe ich mich daran gewöhnt, daß dies auch (m)ein Weg ist. Ich will und kann ihn nicht ignorieren. Wer mich kennt weiß, daß ich kein Mensch der Öffentlichkeit bin, viel lieber in aller Stille wirke ohne großes Aufsehen zu erregen. In früheren Botschaften teilte mir Ashtar mit, gerade weil ich ein Mensch der einfachen Worte sei wäre dies meine Aufgabe, denn diese einfachen Worte würden die Menschen verstehen. Ich hatte das damals nur auf meine Arbeit mit Patienten bezogen aber nicht ans Schreiben gedacht. Es war noch ein langer und für mich nicht ganz einfacher Weg, bis ich das akzeptierte und bejahte.

Ich hatte vergangenes Jahr (1997) damit begonnen, meine Gedanken zum Thema ganzheitliches Heilen aufzuschreiben, alles eben, was während der Behandlungen in der Praxis gesprochen wird, damit meine Patienten in Ruhe zu Hause alles überdenken und nachlesen können.

Eines Tages wollte ich weiter schreiben und fand die entsprechende Datei auf meinem Computer leer! Können Sie sich mein Entsetzen vorstellen, daß die ganze Arbeit umsonst war? Ich verstand die Welt nicht mehr, und auch wenn ich am Computer ein Anfänger bin und so manchen Fehler mache, daß ich eine ganze Datei „aus Versehen" lösche konnte ich mir nicht vorstellen - ausschließen kann ich es natürlich auch nicht.

Und dann meldete sich Ashtar eines Abends. Er teilte mir unmißverständlich mit, daß mein Ton, das ganze Geschriebene, nicht passend war, es so nicht gehe und wir jetzt zusammen noch einmal beginnen. (Er hatte ja so recht. Mein Tonfall war mitunter sehr heftig, verurteilend, ausschließlich, zu menschlich-ego-mäßig eben... geprägt von meinem eigenen Empfinden, all dem Leid, das ich erlebt hatte und das vermeidbar gewesen wäre, der naturwissenschaftlichen Medizin, die so viel zerstört und so wenig wirklich heilt und die ich jahrelang als unmenschliche Apparatemedizin miterlebt habe. Sicher schimmert das auch jetzt noch durch, aber in abgeschwächter Form.) Es folgte ein Schreib-Wochenende wie noch viele. Ich merkte den Unterschied sehr deutlich - es war der bessere Weg mit seiner Hilfe.

Und nun die Worte von Ashtar, die er in diesem Buch als Abschluß veröffentlicht haben möchte. Sehr deutlich, sehr klar, sehr direkt. Er wird seinen Grund haben, mit diesem Nachdruck, aber auch mit so unendlich viel Liebe folgende Botschaft an Sie, die Sie es jetzt lesen, weiter zu geben.

Nach der für ihn typischen Begrüßung und einigen persönlichen Worten kam folgende Botschaft am 5.12.1998:

Ashtar I

Wir haben im ersten Teil schon darüber gesprochen, daß wirkliche Heilung nur im Herzen stattfindet und nur die Liebe heilt, die göttliche Liebe.

Der Fehler, wenn man es so nennen möchte, der meisten Menschen ist ein Denkproblem. Sie denken, sie seien losgelöst und weit weg von Gott und seiner Liebe, das sei etwas, was mit ihnen selbst nichts zu tun hat. Das ist ein Irrtum.

Jeder von euch ist ein Gott, Teilaspekt des Göttlichen, und ihr alle habt euch euer Leben erschaffen und diesen Planeten Erde ausgesucht für euer Tun und Wirken.

Versucht einmal, euer menschlich begrenztes Denken auszuschalten und vergesst alles, was ihr gehört und ererbt habt über tausende von Jahren. Es hat euch unfrei gemacht. Das war Ziel und Zweck des ganzen. Euer Blick wurde dadurch getrübt für die Wahrheit. Und ihr habt es geglaubt und euch keine Gedanken gemacht, daß alles auch ganz anders sein könnte. Es ist alles ganz anders, glaubt mir. Und eure Seele weiß es, Ihr wisst es, wenn ihr dieses alte-neue Wissen zulassen könnt und euch von den Mustern der Einengung und Unfreiheit befreit.

Jeder hat Zugang zu dem über unzählige Jahre gehüteten Schatz des „geheimen Wissens". Es waren immer einige wenige, die dieses Wissen als ein Privileg hüteten und sich besser als alle anderen wähnten, würdig, dieses Wissen ihr Eigen zu nennen. Sie hielten sich für auserwählt. Bei Gott seid ihr alle auserwählt, jeder auf seine ganz spezielle Art und Weise. Kein Mensch hat das Recht und nicht die Macht, sich an Gottes Stelle zu setzen. Ihr seid alle Gott. Deshalb verehrt keine Menschen wie Götter, oder verehrt jeden Bettler, Mörder und 'Taugenichts' genauso wie einen eurer 'Heiligen'. Vor Gott sind wir alle gleich.

Warum habt ihr hier diese große Kluft zwischen arm und reich, warum erlaubt ihr dem einen Freiheit und die anderen macht ihr unfrei?

Seht es als euer Lebensspiel. Ohne diese Gegensätze, ohne Stolpersteine, könntet ihr nichts lernen. Und zum Lernen seid ihr hier.

Du glaubst, du lebst in einem freien Land? Du glaubst, du bist menschlich gesehen ein freier Mann?

Ich sage dir: du hast dich verkauft an Industriekonzerne, Politiker, deine Mitmenschen und an dein Geld. Du suchst die Freiheit in vier Wochen Urlaub, und den Rest des Jahres sehnst du dich danach. Ist das Freiheit? Du bist menschlich gesehen nie frei und unbeobachtet. Du bist morgen ein toter Mann, wenn einer deiner Mitbrüder meint, den 'falschen Knopf' drücken zu müssen, um damit seine Macht zu demonstrieren. Mit dieser Freiheit ist nicht viel! Glaubst du, deine Politiker seien Schöpfer? Gute Vorsätze können nicht umgesetzt werden, weil andere Interessen, Wirtschafts- und Machtinteressen, wichtiger sind. Jeder, der Macht anstrebt und ausübt erlebt auch die Ohnmacht. Ihr habt euch in Abhängigkeit und Machtstrukturen total gefangen und abhängig gemacht. Wenn ihr nun alleine die äußere Welt betrachtet habt ihr zurecht Angst. Euch wird auch ordentlich „eingeheizt" über die Medien.

Und warum das Ganze?

Damit ihr euch auf eure Unabhängigkeit und Freiheit eures Wesens besinnt, damit ihr EUCH befreit. Man kann sich nur aus Unfreiheit befreien, stimmt's? Eure Unfreiheit ist heute noch viel schlimmer als wenn ihr in Ketten gelegt oder Sklaven eines menschlichen Herren wäret. Ihr seid nicht körperlich unfrei, sondern in eurem Herzen, in eurem ganzen Lebensausdruck. Eure angebliche Freiheit ist eure größte Unfreiheit. Ihr jagt so vielem nach, was euch Freiheit und Abenteuer verspricht. Seid ihr dabei frei? Ist es nicht nur ein kurzer Nervenkitzel, einige vergängliche Minuten? Das ist nicht wirkliche Freiheit. Die Freiheit des Geistes kann euch niemand nehmen. Das ist euer ureigenstes Revier. Dank eures Geistes könnt ihr jeder Situation entfliehen, könnt sie verändern, neu gestalten. Eure Freiheit fängt in euch selbst an, nicht außen. Keine Gesetze der Welt garantieren euch Freiheit. Einzig die Freiheit, die ihr in euch selbst spürt, die aus eurem Empfinden kommt, ist wirkliche Freiheit.

Ihr seid eure eigenen Sklaventreiber, ihr seid eure eigenen Diktatoren, ihr selbst schafft eure Angst - ihr laßt es zu. Ihr habt die Wahrheit verdreht, wie es gerade ins Weltbild paßt. Ihr habt auch die Worte Jesu verdreht, bis sie euch gepaßt haben. Ihr habt ihn verehrt statt zu verstehen, daß seine einzige Botschaft war zu leben wie er. Nur wenn ihr nach den Gesetzen des Christus lebt werdet ihr 'selig' werden. Nicht, wenn ihr ihn anbetet. **Handeln müßt ihr, handeln mit euren Herzen**. Ihr müßt den unbequemen Weg gehen und es tun anstatt über ihn zu reden und schöne Worte zu verkünden. Dazu brauchen wir euch nicht. Worte werden viele gesprochen, Reden gehalten, Absichtserklärungen verkündet.

**Was sollen diese Worte erreichen,
wenn keine Taten folgen?
Was wollt ihr erreichen,
wenn ihr nichts ändert?
Wie wollt ihr frei werden,
wenn ihr nur jammert?**

Als Jesus von Nazareth hat sich Christus in den Augen der orthodoxen Gläubigen sehr unbeliebt gemacht, weil er ihnen die Wahrheit gesagt hat. Er hat ihnen ihre eigene Lüge entlarvt. Aber sie hatten nicht den Willen, ihre Macht zu verändern, etwas zu tun, sie bemüh(t)en sich bis heute, ihre Macht zu erhalten und auszubauen, auf ihrem Thron zu sitzen und zu richten.

Und was lehrte Christus? Demut, Liebe, Güte. Alles, was ihr tut, das tut von Herzen, als dem Herrn und nicht den Menschen. Er war unter den Ausgestoßenen genauso zu finden wie bei den Reichen und machte keinen Unterschied. Weil alle Menschen gleich sind, ob sie in Lumpen, Designerdress, Uniform, Talar, Lederstrapse oder Lendenschurz gekleidet sind. <u>Er sah ihnen ins Herz.</u> Was ist das, wenn jemand „reinen Herzens" ist? Ich brauche es nicht zu erklären, weil ihr es alle wißt. Ich brauche spirituelle Menschen, die reinen Herzens sind und die Liebe auf diesem Planeten ausbreiten, an alle Wesen, an die Erde, an alles, was ist. **Nur diese Liebe macht euch frei und unabhängig.**

Bietet der menschlich aufgeblasenen Macht die Stirn, indem ihr eure Macht der Liebe dagegen haltet. Öffnet euer Herz, wo andere noch die Tür verschlossen halten. Euer Liebesstrahl ist der Schlüssel, der alle Türen öffnet, auch Panzertüren.

Verlaßt euch nicht auf Menschen, sondern auf den Gott in euch. Der Gott in euch ist eure innere Stärke, euer Licht, eure Kraft und eure Liebe. Ihr seid Schöpfer eures eigenen Lebens, eurer derzeitigen und zukünftigen Welt. Wenn ihr es schafft, die Angstbewußtsein zu transformieren, wird euer Planet ein hell leuchtender Stern. Schafft euch dieses Paradies - dazu seid ihr jetzt hier, das habt ihr euch gewünscht und so gewollt. Legt nicht die Hände in den Schoß, sitzt nicht so untätig jammernd herum sondern fangt an, die Welt und alles, angefangen bei euren Gedanken, zu verändern. Fangt im Kleinen an, fang bei dir an, jeder bei sich. Ihr wirkt Wunder, glaubt mir. Habt den Mut dazu. Ihr selbst habt die Freiheit, euer Glück zu erschaffen. Und euer wirkliches Glück spielt sich in euch selbst ab, ohne Dollars, Mark und Euro. Zuerst heile den Geist. Zuerst mußt du dich wieder an die richtige Zapfsäule anschließen, bevor sich etwas ändern kann. Das wiederum ist ein bewußter Schritt, im Bewußtsein, eine Absichtserklärung, eine Umkehr im Denken und Fühlen. Dazu brauchst du keinen Pater, der dir die Beichte abnimmt. Dazu brauchst du dich nicht wortreich zu „bekehren" in aller Öffentlichkeit - nein, im Gegenteil. 'Im stillen Kämmerlein' soll das geschehen, in deinem Herzen, nur du mit dir, in Gebet, Meditation, in Zwiesprache mit deiner höheren Führung, deinem Geist-Selbst, deinem Gott, der in 'deinem stillen Kämmerlein' wohnt, schon immer gewohnt hat. Du hast das nur nicht akzeptiert und verdrängt, weil du dein EGO, deine Persönlichkeit, höher gestellt hast als deinen Wesenskern. Und deshalb bist du als Mensch auch in diese weltliche Abhängigkeit gerutscht. Du hast da ganz bewußt etwas vertauscht! Wenn du sagst: ich bin Peter oder Marie, dann meinst du vielleicht den Stolz auf die Orden an deiner Brust, die guten Zeugnisse, das dicke Auto, die Fernreise zum letzten Paradies der Erde, die Beförderung oder ganz einfach, daß du ein toller Typ bist. Du meinst deine materiellen Güter und das, was du erschaffen hast, was du mit deinem Geld bewegt hast, was du dir leisten kannst und worauf du stolz bist.

Wenn ich sage: ICH BIN
dann meine ich damit
ich bin in Gott,
ich bin Gott, ich bin Liebe,
ich BIN, DER ICH BIN,
Geist, Liebe.

Dein Ich bin ist EGO.
Mein ICH BIN ist Gott.
Merkst du den Unterschied?
Dein ich bin ist äußeres Gut.
Mein ICH BIN ist inneres Gut

Wenn du im Außen lebst wirst du auch abhängig davon. Wenn die Dinge der Welt dich abhängig und unfrei machen, mußt du die Folgen tragen.

Wenn du selbst mit Ellbogen dich durchs Leben boxt dann trage die Folgen. Wenn du durch Unehrlichkeit dir eine Position erschleichst kommt irgendwann einer und tut das gleiche mit dir. Und wenn du mit Fingern und Verachtung auf deinen Bruder zeigst dann wird dir das auch passieren. Achte dich niemals besser oder größer als deinen Mitmenschen. Und wenn du jemandem hilfst, dann knüpf daran keine wirschaftlichen Interessen oder Bedingungen. Sonst ist es nicht Hilfe, sondern ein unsauberes Geschäft. Unsaubere Geschäfte habt ihr mehr als genug. Und sie sind nicht ohne Folgen. Die Großen, die vermeintlich Großen der Welt, müssen ihr Tun genauso verantworten wie du und dein Nachbar.

Es nützt dir gar nichts, wenn du das globale Elend ansiehst und das als Entschuldigung nimmst, nichts zu tun. Ihr alle habt mit Nichts-Tun mitgewirkt, daß es so geworden ist. Die schweigende Mehrheit - das feige Schweigen - weil sich keiner traut. Aber wenn sich nur einer traut, dann können plötzlich alle reden, dann weiß plötzlich jeder eine Geschichte und meint, er weiß es besser.

Ihr braucht über euer Tun
keine Worte zu verlieren.
Euer Tun spielt sich in euch ab,
durch eure geistige Ausrichtung.
Auch die Veränderung zum Positiven
spielt sich von der Außenwelt
unbemerkt in euch ab.

Tut das für euch und in der Stille, im 'stillen Kämmerlein'. Bald schon wird die innere Veränderung eine äußere bewirken. Nur so geht Veränderung. Nur so geht Heilung, für dich selbst und für andere.

Ich sage nicht daß es ein leichter Weg ist. Auch der Christus, den ihr als den Menschen Jesus kennt, wurde versucht, verfolgt, nicht verstanden. Man hat ihm Verfehlungen nachgesagt, weil er unbequem war. Man hat ihn nach menschlich-weltlich-egoistischen Maßstäben gerichtet und verurteilt. Und er hat nicht menschlich-egoistisch geantwortet. Seine Liebe galt allen, auch seinen Henkern. Er vergab ihnen, „denn sie wissen nicht, was sie tun". Er hat nicht verurteilt. Und das sollt ihr auch nicht. Liebet eure Feinde. Verzeiht jedem alles, jeder ist dein Bruder, deine Schwester. Jeder macht dich mit dem, was er tut, auf etwas aufmerksam. Schau und höre, was er dir sagen will. Je schneller du es verstehst, um so besser für dich und deine Situation. Blinde-Kuh-spielen im Leben ist nicht ratsam, ihr habt bessere Spiele. Es gab immer mutige Wesen unter euch und es gibt sie heute mehr denn je.

Ihr werdet heute nicht mehr gesteinigt, wenn ihr unbequem seid. Eure Folter, eure Vergewaltigungen, eure Strafen, Verurteilungen und Frondienste sind geistiger Natur. Ihr legt euch geistige Ketten an, ihr sitzt mit eueren Gedanken über andere zu Gericht. Das ist genauso schlimm oder schlimmer als eine körperliche Strafe.

Der Körper ist vergänglich - der Geist ist ewig. Was ihr geistig tut, das hat Bestand, bis ihr es ersetzt, bis ihr es erlöst. Euer Angstbewußtsein wirkt so lange, bis ihr die Angst in Hoffnung verwandelt. Eure Unzulänglichkeit empfindet ihr so lange, bis ihr euren eigentlichen Wert erkannt habt. Eure Ohnmacht kann nicht mehr wirken, wenn ihr euch befreit habt. Euer EGO quält euch nicht mehr, wenn ihr es überwunden habt.

Euer Geist ist mächtig.
Ihr habt die Kraft,
dank eures Geistes
die Welt zu vernichten
oder sie zu befreien.
Ihr könnt mit eurem Geist
Gefängnistore
schließen und sie öffnen.
Ihr könnt euer Herz
genauso
öffnen oder verschließen
dank eures Geistes.
Ihr seid euer Geist,
bitte versteht das.
Ihr könnt nicht trennen.

Ihr könnt auch Christus nicht aus euren Herzen reißen und in die Kirche stellen. Er ist mitten unter euch, inwendig in euch, Teilaspekt Gottes in jedem Wesen. Ihr seid es selbst. Die Dreieinigkeit Gottes lehrt euch der Glaube, die Kirche, und spricht davon, als wäre es weit weg. Ihr lebt mitten drin im Geist Gottes, ihr s e i d der Geist Gottes.

Ihr s e i d göttlich. Wenn ihr erkannt habt, daß ihr göttlich seid, dann wollt ihr auch aus Gott leben, dann habt ihr auch den Wunsch, in die Fußstapfen zu treten, dann wißt ihr auch, daß ihr nie allein und verlassen seid und dann könnt ihr auch zulassen, daß ihr eure innere Größe und Schönheit entfaltet, daß eure Gaben wachsen und der Kontakt mit der geistigen Welt deutlicher wird, daß ihr wirklich sehend, hörend, fühlend werdet, daß ihr mit dem Herzen, mit dem Christus in euch versteht, hört, fühlt und lebt. Wir wollen euch dabei helfen, und wir bitten euch: öffnet euer Herz. Laßt es zu, daß ihr aus dem Christus-Bewußtsein lebt, daß das EGO-Bewußtsein überwunden werden kann.

Euch wurden große, aber auch schlimme Dinge prophezeit für die sogenannte Endzeit. Auch das hat mit eurem Angstbewußtsein zu tun. Ihr erlebt Umweltkatastrophen und große Veränderungen, wirtschaftliche Zusammenbrüche und menschliche Trennungen. Es sind Veränderungen, die notwendig sind. Wie soll etwas Neues wachsen, wenn das Alte nicht verabschiedet wird? Im Kleinen wie im Großen, im Außen wie im Innen. Trauert der alten Welt nicht nach, trauert der Vergangenheit nicht nach. Haltet nicht fest an dem, was vorbei ist, es hat seine Berechtigung und Wichtigkeit heute verloren. Was gestern war ist Vergangenheit und heute nicht zu ändern. Bündelt eure Kraft für das, was heute wichtig ist und laßt es los, wenn aus heute gestern wird. Lebt ganz im Augenblick. Nichts kommt wieder. IHR seid ewig. IHR seid da, IHR geht nicht verloren. Alles andere ist nur Beiwerk, ist nur Übungsfeld für euch Wesen, die ihr seid. Leben im eigentlichen Sinne ist für euch nicht nur auf diesem Planeten möglich. Nehmt euer irdisches Leben deshalb nicht so wichtig. Ihr überlebt jede Katastrophe. Aus menschlicher Sicht ist es eine Tragödie, wenn Menschen sterben, unter einer Lawine verschüttet werden, ertrinken, verhungern usw. Es soll auch euer Mitgefühl wecken und stärken. Einzig deshalb gibt es diese Opfer. Die Wesen, die diesen Tod auf sich genommen haben, leben, und taten es freiwillig für ihre eigene Entwicklung. Alle Opfer, alle Täter sind es, um zu wachsen, um Erfahrungen zu machen, um stärker zu werden. Deshalb gibt es auch kein gut und böse, habt ihr kein Recht zu urteilen und zu verurteilen.

Jeder hat die Freiheit, seinen Weg auf seine Art und Weise zu gehen. Keiner von euch ist über gut und böse erhaben. Es gibt nur unterschiedliche Ausdrucksweisen. Alles, was du erlebst, will dich etwas lehren. Wenn du es nicht genau erkennen kannst, dann sollst du eines immer lernen: aus dem Christus in dir leben, deine Herzensqualitäten leben, Liebe, Verstehen, Verzeihen üben. Liebe deine Feinde, richte nicht, glaub an dich und an den Gott in dir und sieh den Gott auch in deinen Mitmenschen, in Freund und Feind. Gott ist in jedem, Gott ist in allem, was lebt - Gott ist Geist. Und alles, was du siehst, erlebst und fühlst ist irgendwie darin verankert und erfüllt einen tieferen Sinn. Du brauchst nicht alles zu verstehen, deinen Verstand brauchst du erst gar nicht bemühen, hier irgend eine Logik oder Strategie zu erkennen. Laß deinen Verstand nicht alles regieren.

Was ist dein Verstand überhaupt, hast du dir das schon einmal überlegt? Dein Verstand sortiert alles in wahr und unwahr, in richtig und falsch und zensiert aufgrund von dem, was er jemals gelesen, erfahren, gehört hat, was das EGO so haben will, aber nicht nach dem, was tatsächlich stimmt, nur nach dem, was es so haben will. Der Verstand schließt Spiritualität aus. **Ohne Spiritualität ist Leben nicht möglich, ohne Verstand schon.**

Bewußtsein ist eine Geisteshaltung, eine Herzensangelegenheit, ein Zustand. Pflanzen, Tiere und Mineralien haben auf ihre Art auch ein Bewußtsein, der ganze Planet hat Bewußtsein, es wimmelt nur so vor lauter verschiedenen Bewußtsein. Ob du es jetzt sehen kannst oder nicht, ob dein Verstand dazu ja sagt oder nicht, ob es von einem Wissenschaftler abgesegnet ist oder nicht, ob der Papst es glaubt oder nicht -

**es IST einfach,
und alles, was IST, ist Gott.
Du BIST einfach,
und auch du bist Gott.
Ich BIN einfach,
und auch ich bin in Gott,
Bruder und Schwester,
Vater und Mutter,
Freund, Geist,
LIEBE.**

Ihr spielt ein Spiel der Begrenzungen. Und viele haben dazu beigetragen, daß die Spielregeln immer neu definiert wurden und in immer neuen Variationen den gleichen Zweck erfüllen: den der Unfreiheit. Ich rate euch jetzt: spielt dieses Spiel nicht mehr mit. Befreit euch. Laßt die Mächtigen ihre Ohnmacht erleben, indem ihr den Gehorsam verweigert. Spielt euer eigenes Spiel. Ihr habt euren eigenen Maßstab. Euch braucht keiner von Gott zu erzählen wenn ihr ihn nicht in euch fühlt. Nicht reden verändert Bewußtsein, sondern handeln. Ich ermutige euch nicht zu einer Revolution im Außen. Ihr sollt keine neue Gewalt schaffen. Ich ermutige euch zur Revolution in eurem SELBST! Reißt Gräben ein zwischen Feinden, steckt eure Waffen weg. Lasst die Liebe eure Waffe sein. Teilt euer Gut, nehmt und gebt von Herzen gerne. Wer gibt, der bekommt auch wieder. Wer liebt, bekommt Liebe zurück. Wer die Türe offen hält, dem wird sie nicht eingerannt, und wer mit offenen Armen kommt, der wird nicht ausgeraubt. Ändert euer Denken, damit verändert ihr alles. Eure Angst hindert euch daran. Aber wovor habt ihr Angst? Welcher Kleinkram macht euch unfrei? Welcher Kleingeist bist du?

**Erkenne, daß du
nichts zu fürchten hast,
wenn du dir deiner eigentlichen
Bestimmung und Quelle
bewußt wirst.**

Du kannst nirgends hinfallen außer dahin, woher du gekommen bist. Dir kann niemand schaden, weil du als Wesen unverwundbar bist. Du kennst keinen Feind, weil alle Gott sind und du Gott sicher nicht verachtest, denn damit verachtest du dich selbst.

**Dein kleinmütiger Geist wird groß,
Angst verliert sich, Liebe wächst,
EGO schrumpft,
du siehst deine eigentliche Welt.
Du siehst dich und alles auf der Ebene,
die Bestand hat.**

Du hörst auf zu ver- und zu beurteilen, weil es nichts zum ver- und beurteilen gibt. Liebe läßt das nicht zu und verlangt nicht danach. Liebe kann gewähren lassen, versteht alles, duldet alles, hört niemals auf. Im 1. Korintherbrief Kapitel 13 ist es nachzulesen, was uns Jesus von Nazareth dazu hinterlassen hat. (*für alle, die keine Bibel ihr eigen nennen steht der Text im Anhang sinngemäß in heutigem Deutsch*) Die Worte des 20. Jahrhunderts sind andere als die des 1. Jahrhunderts, aber das, was die Worte zum Ausdruck bringen wollen, gilt heute ohne Einschränkung genauso. Das, was wesentlich ist für dein Leben, steht in knappen Worten, die nicht zu überbieten und nicht zu ergänzen sind, hier im Korintherbrief und in der Bergpredigt. Nichts sonst ist wirklich wichtig. Du kannst dir tausend Erklärungsmodelle machen und Glaubensgebilde erschaffen. Du kannst vom Über-Ich und Unbewußten reden, du kannst Gott auch Allah, Buddha, Krishna oder wie auch immer nennen. Du kannst dich jeder Religion anschließen, auch der Religion des Geldes und des Scheins. -

Es gibt nur eine Wahrheit,
es gibt nur einen Gott.

Es gibt nur diese universelle Liebe, aus der alle Schöpfung hervorgegangen ist in jeder Ausdrucksform, die es gibt. Es gibt keinen Anfang und kein Ende, kein Gut und Böse, weil alles IST, so wie es ist, immer war, immer bleibt und ewig Bestand hat als GEIST. Auch wir haben Bestand als Geist = Geistwesen, als Seelenwesen, als unsterbliche Essenz, als Teil des großen, göttlichen Schöpfungsplanes.

Lerne dich selbst mit den Augen der Liebe zu sehen, dann kannst du auch deinem Bruder, deiner Schwester, in Liebe begegnen. Liebe dich zuerst selbst, so wie du bist, als strahlendes, göttliches Licht, als Wesen, nicht besser und nicht schlechter als alle anderen um dich herum. Laß die menschlichen Ver- und Beurteilungen keine Bedeutung für dich haben.

Du BIST, was du bist:
reiner Geist, reine Liebe, GOTT

Also sieh dich so und liebe dich, es gibt nichts Großartigeres. Überwinde das EGO in dir, das dir ständig ins Ohr flüstert, du seiest nicht so schön, nicht so erfolgreich usw. Wer hat ein Recht das zu behaupten? Warum gibst du dem so viel Bedeutung? Das ist alles „Schnee von gestern", die alten Rollenspiele sind vorbei.

Lebe im Heute. Und heute weißt du vieles, was dir bisher verborgen war. Wissen alleine ist zu wenig. Laß Taten folgen, ändere deine Welt, deine innere Welt, und dann veränderst du letztendlich die ganze Welt, das ganze Universum.

**Liebe
ist eine alles verbindende,
alles heilende Kraft.
Es gibt nichts besseres als zu lieben -
mit dem Herzen zu lieben,
mit dem Herzen
zu sehen und zu handeln.**

Gott zum Gruß

... und einige Tage später, am 8.12.1998:

Ashtar II

Liebe Schwester, Gott zum Gruß,
wir wollen weiter schreiben, hör gut zu und gib folgendes weiter:

Wir erleben jetzt eine Phase der Reinigung auf allen Ebenen, was euch mitunter große Sorgen macht und Angst bereitet. Ich verstehe das gut. Um eure Sorgen zu lindern kommen wir zu euch und erklären euch, so gut es geht, was geschieht. Bitte vertraut uns.

Je besser ihr in eurer Mitte seid um so besser werdet ihr mit allen Geschehnissen fertig werden. Deshalb habe ich euch so eindringlich ermahnt im ersten Teil, daß ihr an euch arbeitet und euch befreit. Ohne diese geistige und spirituelle Öffnung habt ihr es ungleich schwerer. Viele werden jetzt auch beschließen, nicht weiter hier zu bleiben. Laßt sie in Frieden gehen. Jeder Weg ist richtig und gut. Wenn ihr aber hier weiter eure Aufgabe erledigen möchtet und an der Erneuerung der Erde mitarbeiten möchtet, dann laßt euch sagen: **ohne aktive Mitarbeit geht es nicht.** Was heißt aktiv?

Es bedeutet, daß ihr wach sein sollt für die Vorgänge, sie verstehen und für euch verwerten sollt. Trainiert eure Kraft der Gedanken und transformiert alles in Licht. Ihr werdet Meister werden und der Tag ist nicht mehr fern, an dem ihr alles transformieren könnt und alle Gefahren ausschalten könnt. Das ist eure Aufgabe in der nächsten Zeit. Anstatt in Angst und Zweifel zu verfallen sollt ihr euch eurer Göttlichkeit und eurer Kraft bewußt werden. Der Tag kommt, an dem ihr ohne diese Kraft in euch gar nichts mehr tun könnt. Aber damit habt ihr den Schlüssel zur Freiheit in der großen Gemeinde von Gottes Kindern. Wir unterstützen euch, wenn ihr uns darum bittet. Geht einfach in die Stille und hört, was wir euch sagen, es wird euch allen gelingen. Auch meine Schwester, die dieses schreibt, wollte zuerst nicht wahr haben, daß ich sie für diese Arbeit brauche und hat sehr gelitten. Ihr müßt nicht leiden, wenn ihr freiwillig diese Gabe annehmt und mit uns zusammen wirkt. Es gibt keinen anderen Weg. Wir können nur alle zusammen etwas bewirken, können Licht auf diesen wunderbaren Planeten bringen und für euch eine lichtvolle Zukunft bauen. Wir sind nicht anders als ihr. Wenn ihr euren Körper wegdenkt sind wir genau gleich. Eines Tages könnt ihr das verstehen, weil ihr es so erleben werdet und auch sehen. Bis dahin glaubt mir einfach.

Ihr habt noch einige wenige Jahre in der jetzigen Form zu leben. Nützt diese Zeit, bildet Kreise und arbeitet im Netzwerk der Liebe und des Lichtes. Erfüllt euer Denken, Tun und Fühlen mit der unerschöpflichen Liebe und gebt sie weiter an alle, ob sie den gleichen Weg gehen oder nicht. Ihr könnt diese Liebe nicht umsonst vergeben. Jeder spürt sie und braucht sie, auch wenn er sie nicht zulassen kann in seinem Leben oder es für euch so aussieht. Die Liebe ist die beste Wunderwaffe für alle Kälte, Macht und Unfriedfertigkeit. Versöhnt euch, vergebt allen und schließt Frieden mit allen euren Unstimmigkeiten, mit allem, was euch jemals das Herz schwer gemacht hat.

Denkt nicht menschlich, sondern göttlich.
Im göttlichen Sinne ist alles in Ordnung,
ist alles im Licht und alles mit Sinn erfüllt.

Wirkt einfach in diesem Sinne. Geht weiter eurer Arbeit nach, oder sucht euch ein anderes Umfeld, wenn ihr fühlt, daß es nicht mehr paßt - wie ein Paar Schuhe, das zu klein geworden ist. Es gibt ein neues Paar, es gibt ständig neue Schuhe für euch. Ihr versteht was ich meine. Gottes Liebe ist ein Selbstbedienungsladen, in dem ihr alles haben dürft, alles bekommt und nur mit Liebe bezahlt.
Bittet, so wird euch gegeben, nur laßt die Entscheidung bei uns, bei eurem höheren Bewußtsein, welche Lösung gerade jetzt die Beste für euch ist. Bittet einfach um die Lösung, die jetzt eurer Lebensaufgabe und eurer jeweiligen Situation entspricht und euch jetzt weiterhilft. Seid offen für die Geschenke, die ihr bekommt. Seid wie die kleinen Kinder: die erwarten zwar viel, aber dann freuen sie sich an jedem Geschenk, an jeder Kleinigkeit, an allem, was für sie bestimmt ist.

Helft eurer Jugend wieder ein Zuhause zu finden. Sie suchen und suchen und werden von fast allen im Stich gelassen. Habt ein offenes Ohr für alle Suchende, beurteilt niemand nach dem menschlichen Alter, nehmt jeden gleich wichtig. Hinter manch jungem Menschen, hinter jedem Glatzkopf und Rebell kann ein großer Geist stecken, eine alte Seele. Verurteilt deshalb nicht und seht in allen Mitmenschen den

Geist Gottes. Wenn ihr nicht ins Gespräch kommt, was gar nicht unbedingt erforderlich ist, schickt Liebesgedanken. Hört nie damit auf. Laßt die Liebe fließen und fließen und fließen, seid überschwenglich im Geben. Nur so verändert sich alles. Ihr braucht weder Angst zu haben vor dem, was kommt, noch braucht ihr irgend welche Anstrengungen machen um irgend etwas besonderes zu tun. Erfüllt einfach euer Leben mit Liebe und ihr tut das Beste, das Allerbeste. Stellt euch vor, wie die ganze Erde übersät ist mit Menschen, die alle strahlen aus der Liebe. Glaubt ihr, dann ist noch Feindschaft möglich, oder Kriege oder Hunger? Nein, dann habt ihr es geschafft und ihr habt eine neue Erde. Liebt einfach und haltet euch im Geiste alle an der Hand. Übt dies ständig immer wieder, und wenn euch bange wird unterwegs dann a t m e t Liebe, atmet sie und stellt euch vor, wie sie euch durchströmt. Aus der Liebe Gottes ist alles entstanden, und alles lebt aus dieser Quelle. Es gibt keine andere Quelle, vergesst das nie. In dieser Liebe sind wir alle vereint. Wenn ihr in Gott und seiner Liebe seid kann euch nichts wirklich geschehen, was euch schadet. Ihr braucht euch nur mit diesem Liebesgedanken und -gefühl umgeben. **Liebe ist die stärkste Kraft, und keine Negativität durchdringt sie, im Gegenteil. Ihr vernichtet alles Negative damit, einfach so, weil ihr liebt.** Wenn ihr diesen einfachen, aber um so wirkungsvolleren Weg eingeschlagen habt werdet ihr Wunder um Wunder erleben und sehen, wie sich eure Welt verändert.

Ihr werdet viel zu lesen bekommen und hören, was jetzt im Einzelnen geschieht und aus welchem Grund sich was wie verändert. Wenn es euch interessiert, dann lest diese Botschaften. Aber alles verstehen nützt euch nicht sehr viel. Es gibt nur diesen Weg, den jeder für sich gehen muß. Jeder, ob er nun heute hier mitwirkt oder nicht. Vergeßt es nicht, wir lieben euch alle sehr. Das, was ihr jetzt vollbringt ist eine ganz großartige Leistung und einmalig. Ihr könnt mit Liebe eure Welt retten. Vergeßt alle Weltuntergangs-Prognosen!

**Die alte Welt ist euer altes Denken,
die neue Welt ist eine Liebeswelt.
Die Veränderung findet in eurem Innern statt,
nirgends sonst als in euch selbst
geht die alte Welt unter und die neue erwacht.**

Alles, was im äußeren auch passiert, seht es als notwendigen Schritt, nicht mehr und nicht weniger. Ich habe es euch schon gesagt, daß keiner verloren geht, daß keiner unfreiwillig leidet und auch nicht unnötig leidet. Wenn ihr aus der göttlichen Liebe lebt habt ihr, wenn ihr es braucht, auch euer Schmerzmittel und ihr habt eure Taschenlampe, wenn ihr euch verlauft, ihr habt eure Nahrung, wenn ihr gerade Hunger habt, ihr habt alles, wenn ihr verstanden habt worum es geht und wenn ihr diesen Liebesweg geht. Ich bitte euch von Herzen darum, diesen Weg zahlreich zu gehen. Wir brauchen jedes Licht, jeden Liebesboten, um schnell eine erhellte Welt zu bekommen. Aber ihr schafft es und ihr seid großartig. Seid stolz und dankbar, vertraut vor allem euch selbst in dieser Zeit, vertraut keinem, der etwas anderes erzählt. Macht euch frei und unabhängig, wo ihr könnt, es erleichtert euch eure Aufgabe und euren Weg. Innerlich unabhängig zu sein lernt ihr automatisch, wenn ihr in diesem Sinne handelt, wie wir es bisher besprochen haben. Ihr braucht nur Mut zu dieser Entscheidung. Seid ihr erst einmal auf diesem Weg der Liebe, dann wird es euch bald leichter fallen, alles mit anderen Augen zu sehen und auch mit der Liebe des Herzens zu erleben und zu leben. Fürchtet euch nicht, vor nichts, ihr habt nichts zu befürchten, egal wie schlecht oder gut es euch nach menschlichem Ermessen geht. Eure veränderte Sichtweise bringt Licht in die ganze Situation.

Vertraut auf eure Führung. Sie läßt euch nie im Stich. Schreit, schimpft und bittet um deutliche Führung, wenn ihr euch verlaufen habt. **Aber werdet stille, um uns zu hören.** Keiner wird überhört, keine Bitte geht verloren, kein Wunsch bleibt unerfüllt, aber alles aus kosmischem

Verständnis, nicht aus menschlichem. Alles, was ihr braucht für diesen Weg, das bekommt ihr sowieso, aber nicht jeder braucht einen Lotto-Gewinn, und wenn ihr darum bittet, kommt er nicht automatisch, ihr versteht was ich meine. Es ist grundsätzlich nichts unmöglich, Wunder geschehen, aber sie haben oft ein ganz anderes Gesicht als ihr es erwartet. Jede Bitte wird euch auf irgend eine ganz spezielle Weise erfüllt. Genau so, wie es für euch jetzt gerade am Besten ist. Und vergeßt nicht Euer Mitbestimmungsrecht für dieses Leben!

Auch wenn es eurem Bewußtsein nicht klar ist, ihr habt die Einwilligung gegeben für alle Geschehnisse. Aber euer Geist in seiner unendlichen Freiheit erlaubt euch eine Kurskorrektur, auch das vergeßt nie!

Wenn ihr wirklich mit liebendem offenem Herzen etwas bittet und keine Lösung mehr seht, dann könnt ihr sicher sein, daß wir uns in irgend einer Art und Weise bemerkbar machen und deinem höheren Selbst begegnen. Wenn du es möchtest, ganz offen und so, daß es dir bewußt ist. Oder in deinen Träumen, einem Buch oder durch einen Weggefährten, irgend ein Weg findet sich immer, damit du Hilfe bekommst. Wenn du zu Gott betest kommt deine Bitte dort an, wo die dafür zuständigen und fähigsten Helfer sind. Wir haben auch eine Art Aufgabenteilung. Also ruf an, wen du möchtest, Gott, Christus, Michael, Maria oder wen du möchtest - wir sind alle für dich da. Wir hören dich immer und du bekommst unsere Hilfe und unsere uneingeschränkte Liebe.

Ich schließe nun und danke euch, daß ich zu euch sprechen durfte.

Mit dieser Liebesbotschaft beende ich die Worte dieses Buches und segne euch alle.

Hier die erwähnten Bibelstellen
in der Übersetzung
„Gute Nachricht für Sie - NT 68"
der Bibelanstalt Stuttgart

Matthäus 5, aus der Bergpredigt

Glücklich, die sich arm wissen: ihnen gehört das Gottesreich.
Glücklich, die traurig sind: sie werden getröstet werden.
Glücklich, die auf Gewalt verzichten: sie werden die Erde besitzen.
Glücklich, die hungern und dürsten nach dem Recht: sie sollen satt
werden.
Glücklich die Hilfsbereiten: sie werden Hilfe finden.
Glücklich, die ein reines Herz haben: sie werden Gott sehen.
Glücklich, die Frieden in die Welt bringen: sie werden Gottes Familie
sein.
Glücklich, die verfolgt werden, weil sie das Rechte tun:
ihnen gehört das Gottesreich.

und etwas später:

Warum erwartet ihr von Gott eine Belohnung, wenn ihr nur die liebt,
die euch auch mögen? Das bringen sogar die Steuereintreiber fertig.
Was ist denn da Besonderes daran, mit Leuten zu reden, die man
mag? Das tun auch die, die nicht an Gott glauben. Nein, ihr sollt so
vollkommen sein wie euer Vater in der Höhe.

Wenn ihr betet, sollt ihr nicht viele Worte machen. Manche meinen,
man könne dadurch mehr erreichen. Ihr sollt es anders halten. Euer
Vater weiß, was ihr braucht, ehe ihr ihn bittet.

So sollt ihr beten:

Unser Vater, der die Welt regiert!
Verschaffe deinem Wort Gehör.
bringe dein Reich zu uns
und mache die Menschen bereit, deinen Willen zu tun.
Gib uns, was wir heute brauchen,
und verzeih uns alle Fehler,
wie wir den andern verzeihen.
Stelle unseren Glauben nicht auf die Probe,
sondern befreie uns aus der Gewalt des Bösen.
Wenn ihr den Menschen ihre Fehler verzeiht, wird euch euer Vater in
der Höhe auch verzeihen. Wenn ihr den Menschen nicht verzeiht,
wird euch euer Vater in der Höhe eure Fehler auch nicht verzeihen.

Das wichtigste Gebot (Matth.22)
Du mußt den Herrn, deinen Gott, mit deinem ganzen Herzen lieben,
mit deiner ganzen Seele und mit allen deinen Gedanken. Das ist das
größte und wichtigste Gebot. Das zweitwichtigste heißt: Liebe deinen
Mitmenschen wie dich selbst.

1.Brief an die Gemeinde in Korinth, Kapitel 13

Ohne die Liebe hat alles andere keinen Wert. Ich kann dann die schönsten Worte machen, ich kann sogar in himmlischen Sprachen reden wie die Engel, und ich bin doch nicht mehr als ein dröhnender Gong oder eine schrille Glocke. Ich kann dann göttliche Eingebungen haben und alle Geheimnisse Gottes kennen. Ich kann den Glauben haben, der Berge versetzt. Ohne die Liebe bin ich doch nichts.
Die Liebe ist geduldig und freundlich.
Die Liebe kennt keinen Neid, keine Eifersucht und keinen Stolz.
Die Liebe ist nicht taktlos, egoistisch oder reizbar.
Die Liebe ist nicht nachtragend.
Die Liebe freut sich nicht über das Unrecht, sie freut sich über die Wahrheit.
Die Liebe gibt niemals auf.
Ihr Glaube, ihre Hoffnung und ihre Geduld versagen nie.
Die Liebe hört niemals auf.
Es bleiben drei Dinge: Glaube, Hoffnung, Liebe.
Die Liebe ist das größte von ihnen.
Ihr sollt also nach der Liebe streben.

****

Literaturhinweis:
Im Kapitel "Organsprache" wurde verwendet:
Henry G. Tietze: Entschlüsselte Organsprache